A construção do público

Seleção de textos e organização Cristina Duarte Werneck
e Nisia Duarte Werneck

A construção do público:
cidadania, democracia e participação
Jose Bernardo Toro

APOIO

A construção do público: cidadania, democracia e participação
© (X) Brasil e Jose Bernardo Toro, 2005.

Direitos desta edição reservados a (X) BRASIL e ao Serviço Nacional de Aprendizagem Comercial – Administração Regional do Rio de Janeiro.

(X) BRASIL
Praia do Flamengo, 100 – Cobertura
Flamengo – Rio de Janeiro – RJ
CEP: 22.210 – 030
Tel.: (21) 2558-8781 – Fax: (21) 2557-7344
www.xbrasil.net | xbrasil@xbrasil.net

Série Desafios de Hoje
Volume 2

Coordenação editorial da Série
Marta Porto

Apoio
Synergos Institute

SENAC RIO

Presidente do Conselho Regional
Orlando Diniz

Diretor Regional
Décio Zanirato Júnior

Editora Senac Rio
Av. Franklin Roosevelt, 126/604
Centro – Rio de Janeiro – RJ
CEP: 20.021-120
Tel.: (21) 2240-2045 – Fax: (21) 2240-9656
www.rj.senac.br/editora

Editor
José Carlos de Souza Junior

Coordenação de prospecção editorial
Marianna Teixeira Soares e Mariana Varzea

Coordenação editorial
Karine Fajardo

Coordenação e revisão técnica
Centro de Educação para o Trabalho e a Cidadania

Seleção de textos e organização
Cristina Duarte Werneck e Nisia Duarte Werneck

Tradução
Cristina Duarte Werneck

Revisão da tradução e edição do texto
Letícia Miraglia

Copidesque
Marly Cardoso

Revisão
Cynthia Azevedo

Coordenação de arte e projeto gráfico
Andréa Ayer

Capa
Cacau Mendes

Diagramação
Juliana Andrade

Impressão
Imprinta Express Ltda.

1ª edição: julho de 2005
Tiragem: 5 mil exemplares

CIP-BRASIL.CATALOGAÇÃO-NA-FONTE
SINDICATO NACIONAL DOS EDITORES DE LIVROS, RJ.

T639c
Toro, A.., Jose Bernardo.
    A construção do público : cidadania, democracia e participação.
    / Jose Bernardo Toro ; seleção de textos e organização, Cristina Duarte Werneck e Nisia Duarte Werneck. — Rio de Janeiro: Editora Senac Rio : (X) Brasil, 2005. 112 p. ; il. ; .
    — (Desafios de hoje ; 2)

16 x 23cm
Inclui bibliografia
ISBN: 85-87864-71-8

1. Participação social. — Brasil. 2. Participação política — Brasil. 3. Democracia — Brasil. 4. Direitos civis — Brasil. 5. Cidadania — Brasil.
I. Werneck, Nisia Maria Duarte. II. Werneck, Cristina Duarte. III. (X) Brasil. IV. Série.

05-1843.
CDD 361.61
CDU 316.43

A meu pai Bernardo e minha mãe Cecilia,
que já fora do tempo, permanecem em meu tempo.

CONSTITUIÇÃO DA REPÚBLICA FEDERATIVA DO BRASIL

Artigo 3º

Constituem objetivos fundamentais da República Federativa do Brasil:
I – Construir uma sociedade livre, justa e solidária;
II – Garantir o desenvolvimento nacional;
III – Erradicar a pobreza e a marginalização e reduzir as desigualdades sociais e regionais;
IV – Promover o bem de todos, sem preconceitos de origem, raça, sexo, cor, idade e quaisquer outras formas de discriminação.

apresentação senac rio

Mônica Volpato
Centro de Educação para o Trabalho e a Cidadania

Contribuir para o movimento de construção do público a partir da sociedade civil, que se consolidará em um novo contrato social amplo, é a essência deste livro e do trabalho do educador, filósofo e sociólogo colombiano Jose Bernardo Toro. Suas idéias elucidam os conceitos de cidadania, democracia, participação e solidariedade, fundamentais para o fortalecimento da prática social na América Latina.

Disseminar conhecimento relevante no campo social. Este é o objetivo do Senac Rio ao apresentar esta importante coletânea de pensamentos estratégicos, análises setoriais e tecnologias sociais para o desenvolvimento social do País. Trata-se de um rico instrumento para construção de políticas públicas e privadas de responsabilidade social.

Para o autor, a construção do público a partir da sociedade civil exige o compromisso com uma nova atitude de responsabilidade, de desenvolvimento da capacidade de pensar e agir coletivamente e de respeito às diferenças.

Para se materializar o ideal de uma sociedade sólida na América Latina, democracia, desenvolvimento e justiça social não podem ser separados no consenso coletivo. Converter esses três fatores em realidade histórica constitui o Projeto de Nação apresentado neste livro — um plano ético de cidadania e produtividade que deve orientar todas as ações da população.

Segundo o autor:

> à medida que edificamos uma ordem ética de convivência democrática, superamos a violência, fortalecemos a integridade do território e a legitimidade de nossas instituições... Da mesma forma, se decidimos criar riqueza eticamente, ou seja, produzir bens e serviços abundantes que favoreçam a dignidade humana de todos, poderemos superar a pobreza e nos inserir adequadamente nos mercados globais.

Somos provocados a fazer uma releitura sobre o caráter cívico e solidário que nos assemelha e ao mesmo tempo nos distancia neste momento da história. Boa leitura!

apresentação

Nisia Duarte Werneck
Consultora e professora na Fundação Dom Cabral

Desde 1994, quando esteve no Brasil como consultor do Pacto de Minas pela Educação, movimento de mobilização social a favor da educação pública, a presença do colombiano Jose Bernardo Toro entre nós tem sido constante.

Ao longo desses anos, como conferencista ou consultor, Jose Bernardo Toro tem nos trazido idéias que dão rumo e sentido às nossas inquietações, iluminando discussões sobre cidadania, democracia e educação.

O movimento de redemocratização da América Latina nos trouxe a ilusão de que a cidadania e o sentido do público – nascido da sociedade civil e não do Estado – seriam uma conseqüência natural da renovação de nossas instituições e da restauração dos instrumentos democráticos. Mas isso não se deu, nem se daria. Eles não podem ser improvisados, ou se constituir da noite para o dia. São, antes, frutos do esforço, da aprendizagem coletiva e da sua prática contínua e persistente.

Contribuir com suas idéias para este movimento de construção do público a partir da sociedade civil, que se consolidará em um novo contrato social, parece ser o que alimenta e estimula Jose Bernardo Toro e torna relevante a sua leitura, neste momento da nossa história.

Quanto mais ele participa de nossas discussões, mais tem se acentuado a procura por seus textos. Mas, estranhamente, suas publicações são esparsas, aparecem como artigos em revistas, materiais de referência da Fundação Social da Colômbia – em que foi vice-presidente de Relações Externas – e em registros de palestras, mas não em uma publicação estruturada.

Este livro é uma coletânea. Os textos que o compõem foram escritos em diferentes contextos, em épocas diversas. Com o apoio de Martha Rodriguez, companheira de trabalho e "guardiã" dos escritos de Jose Bernardo Toro, identificamos aqueles artigos que juntos compusessem um mosaico relativamente organizado e abrangente de seu pensamento. Decidimos separá-los em dois grupos: o primeiro, o presente volume, com os textos de caráter cívico, no melhor sentido da palavra; e o outro, a ser publicado no próximo ano, com os ensaios sobre educação.

Nosso desafio foi criar uma estrutura que permitisse uma leitura coerente do todo, que sugerisse uma trajetória de pensamento, sem perder a riqueza específica de cada um dos textos. As notas de referência, no início de cada um deles, identificam a data e o contexto de sua produção.

A analogia com o processo de construção de uma "sociedade livre, justa e solidária", com a qual nos comprometemos no artigo 3º da nossa Constituição, orientou a organização do conteúdo aqui apresentado. Reunimos, na primeira parte desta obra, os alicerces, contendo os principais conceitos com que Toro trabalha, e com base nos quais constrói seu pensamento. A segunda parte deste livro traz os textos sobre os diferentes atores sociais, construtores desta sociedade. E, na terceira e última parte, inserimos os que tratam das diversas formas de intervenção social. Usamos o termo tecnologias sociais, embora saibamos que tecnologia talvez não seja a palavra mais adequada, por sua conotação tecnicista e formal. Talvez fosse melhor falar de arquiteturas, mas, enfim, nos rendemos a uma metáfora já consagrada entre os que militam no Terceiro Setor.

De comum acordo com o autor, decidimos que partes dos textos que já apareciam em outros trabalhos, mas não compunham a estrutura central de argumentação, seriam suprimidas. No entanto, para oferecer estas informações ao leitor, optamos por inserir notas que remetem às respectivas referências; consideramos referência o texto em que o tema em questão está mais desenvolvido ou detalhado. Quando os conceitos repetidos faziam parte da argumentação central no novo trabalho, optamos por mantê-los, para não interromper o raciocínio.

As notas do autor foram mantidas e identificadas com a sigla N.A. Quando julgamos necessário, incluímos notas com comentários ou informações complementares. Neste caso, estão identificadas como Notas dos Organizadores (N.O.).

Este trabalho foi apoiado pelo Instituto Synergos, de quem Jose Bernardo Toro é um dos colaboradores, por meio de sua representante no Brasil, Cindy Lessa. Contou, ainda, com o apoio das duas Marthas: a Rodriguez, com sua disponibilidade para nos fornecer os originais e orientar nossa busca, e a Porto, com seu entusiasmo e paciência com nossas idas e vindas. Além disso, é claro, cabe registrar o apoio e a disposição para o diálogo sempre franco e esclarecedor com o autor.

sumário

PARTE 1
Os alicerces – Delimitações conceituais e definições básicas

1. O projeto de nação e o cidadão 18

2. Os princípios básicos da democracia 24

3. A construção do público e de bens coletivos 30

4. A produtividade como projeto ético 36

5. Uma visão da justiça social com base nos direitos humanos
   – Teses para um debate 39

Notas 43

PARTE 2
Os construtores – O Estado e a sociedade civil

1. O Estado como "momento" da produção da sociedade 48

2. O Estado e o setor privado necessitam do Terceiro Setor? 52

3. O papel do Terceiro Setor em sociedades de baixa participação
   (quatro teses para discussão) 56

4. Transformar as elites em classe dirigente 60

5. O líder social: construindo uma segunda oportunidade sobre a terra
   e um elogio da dificuldade 63

Notas 64

PARTE 3
As tecnologias – Ação e intervenção social

1. A construção do público com base na sociedade civil como propósito da intervenção social 68

2. A concertação social como meio para criar uma governabilidade democrática 70

3. Aprender a administrar e atuar em rede: um desafio para as ONGs e todas as organizações da sociedade civil (OSCs) 71

4. Do Desenvolvimento Integral Localizado (DIL) à complexidade social .. 73

5. A comunicação e a mobilização social na construção do público 83

6. A televisão de qualidade e os valores democráticos 94

7. O diálogo de saberes 95

8. Uma pergunta de epistemologia geral 98

Notas 108

Os alicerces
Delimitações conceituais e definições básicas

1 O PROJETO DE NAÇÃO E O CIDADÃO[1]

1.1 O projeto de nação: um projeto ético de cidadania e produtividade

Aspiração máxima de uma sociedade é tornar-se uma nação, ou seja, ter um sentido coletivo de futuro próprio que a permita orientar todas as suas ações e instituições em uma determinada direção. É este sentido coletivo de futuro que diferencia uma nação de um território habitado.

Uma sociedade se converte em nação quando é capaz de responder proativa e coletivamente aos desafios que a História lhe apresenta.

Assim como um homem ou uma mulher se converte em pessoa de caráter, à medida que conseguem responder proativamente aos desafios que a vida lhes oferece, uma sociedade se torna coesa e se projeta quando é capaz de entender quais são os desafios que deve superar coletivamente.

H. Gómez Buendía[2] afirma que

> a Colômbia enfrenta hoje seis grandes desafios: o internacional [com o narcotráfico como ponto culminante], o civil [em especial a violência], o político [o déficit de legitimidade], o econômico [inserção na aldeia global], o territorial [integração nacional] e o ecológico [sustentabilidade].[3]

Os problemas ou desafios sociais são superados identificando-se ações superiores positivas que, ao serem alcançadas, fazem desaparecer o negativo e existir os bens positivos. "O mal não é superado lutando contra o mal, mas tornando abundante o bem", diz a *Bíblia*.

O entrave não é a violência; a violência é a conseqüência de não haver sido construída uma ordem ética de convivência, fundamentada nos Direitos Humanos. Se amanhã se calam os fuzis, ainda não terá sido resolvido o problema da violência. É necessário estabelecer a convivência para se ter um futuro.

Sob essa perspectiva, pode-se dizer, em termos positivos, que podemos superar os seis problemas apontados por H. Gómez Buendía, se nos propusermos coletivamente a:

a) construir uma ordem ética de convivência democrática;
b) converter-nos em um país eticamente produtivo, sem pobreza interna.

À medida que edificamos uma ordem ética de convivência democrática, superamos a violência, fortalecemos a integridade do território e a legitimidade de nossas instituições e enfrentamos o narcotráfico. Poder encarar frente a frente o narcotráfico requer uma decisão ética de toda a sociedade.

Da mesma forma, se decidimos criar riqueza eticamente, ou seja, produzir bens e serviços abundantes que favoreçam a dignidade humana de todos, poderemos superar a pobreza e nos inserir adequadamente nos mercados globais. Descobriremos como cuidar do entorno ecológico e como utilizá-lo.

Em síntese, propõe-se como projeto de nação um plano ético de cidadania e produtividade que oriente todas as nossas ações.

A ética é definida aqui como a arte de eleger o que convém à vida digna de todos. E entende-se por vida digna tornar possíveis e cotidianos todos os direitos humanos.

Isso é o que significa construir o estado social de direito, proposto na Constituição Nacional (artigo 1º).[4] O Estado e a sociedade têm sentido se ambos forem capazes de definir uma ordem social, política, econômica e cultural que garantam os direitos humanos a todos.

1.2 O cidadão

Um cidadão é uma pessoa capaz de, em cooperação com outras, criar ou transformar a ordem social na qual ela mesma quer viver e a qual se compromete cumprir e proteger, para a dignidade de todos.

Ser cidadão implica entender que a ordem social (as leis, os costumes, as instituições, as tradições etc.) não é natural. É uma invenção, uma criação de homens e mulheres de uma mesma sociedade. É compreender, também, que, se essa ordem não produz dignidade, pode ser mudada ou uma nova deve ser criada em seu lugar, em colaboração com os outros.

O que torna um sujeito cidadão não é ter carteira de identidade ou título de eleitor, mas a sua capacidade de gerar ou modificar a ordem social, ou seja, a sua capacidade de criar liberdade.

A liberdade não é possível a não ser na ordem. Mas, a única ordem que produz liberdade é aquela que é construída em cooperação com outros, para tornar possível a dignidade humana a todos. Essa construção coletiva ocorre mediante a atuação direta ou de representantes confiáveis.

Atuar em parceria com outros requer poder criar organização ou pertencer, com sentido, a uma. É por meio das organizações que as pessoas se transformam em atores sociais. Por isso, são importantes.

1.3 As organizações e as instituições

De acordo com D. North,[5] pode-se dizer que as organizações são as regras do jogo em uma sociedade ou, mais formalmente, são as limitações idealizadas por homens e mulheres que dão forma à interação humana. Por conseguinte, estruturam incentivos às trocas, ao intercâmbio humano, social e econômico.

Quando queremos saudar nossos amigos, comprar laranjas, fazer empréstimos, enterrar os mortos, sabemos como fazê-lo. Essas regras ou limitações combinadas nos dizem e nos orientam sobre como fazer esses intercâmbios (transações) de forma segura e produtiva.

As organizações e as instituições nos ajudam a reduzir a incerteza porque proporcionam uma estrutura de vida cotidiana. Constroem um guia para a interação humana. As instituições definem e limitam o conjunto de comportamentos dos indivíduos. Essas limitações dão forma à interação humana.

Desses conceitos de D. North, deduzem-se várias implicações:

a) uma organização é tanto mais útil para uma sociedade quanto mais gera intercâmbios (transações) com outras organizações ou com as pessoas em sua vida diária;
b) as organizações geram mais transações úteis e fáceis quando têm regras bem definidas para interagir entre si ou com as pessoas. Limitam adequadamente a liberdade;
c) ao contrário, quando as organizações e instituições têm regras ambíguas ou contraditórias, os intercâmbios são lentos e caros em tempo e dinheiro;
d) quanto mais intercâmbios (transações) úteis gerem as organizações, mais dinâmica será a sociedade e mais riqueza será produzida;
e) a participação cidadã cresce quando as pessoas podem fazer mais transações úteis, sejam elas econômicas, políticas, sociais ou culturais;
f) a burocracia, em sentido negativo, ocorre quando as organizações e as instituições tornam as transações lentas e onerosas, diminuindo a participação do cidadão.

Outra forma de ver as instituições[6] é defini-las como códigos ou regras orientados para:

➤ solucionar continuamente um problema;
➤ prevenir continuamente um problema;
➤ conservar no tempo a solução de um problema.

Com base nesse ponto de vista, é a compreensão ou evolução dos problemas que determinará e orientará os códigos institucionais úteis para a sociedade.

Se um problema evolui ou desaparece em uma sociedade, as instituições devem evoluir ou desaparecer (com a invenção do automóvel, o cavalo deixou de ser relevante para o transporte; foram desaparecendo as selarias e surgindo as oficinas).

A burocracia surge quando a organização institucional perde de vista o problema social que lhe deu origem e se dedica a proteger a instituição pela instituição.

As pessoas se transformam em sujeitos sociais e políticos quando geram organização, porque criar organização demanda:

a) delimitar uma identidade que a diferencie e identifique dentro do todo social, o que quer dizer aceitar-se como diferente e reconhecer os outros em sua diferença;

b) criar regras de inclusão (quem pode pertencer) e de exclusão (quem não pode pertencer), o que determina aceitar regras internas e externas, entender e se obrigar a comportamentos específicos frente a outros e a si mesmo;
c) definir normas e formas de articulação, rearticulação e desarticulação com outras organizações para estabelecer convênios, contratos, intercâmbios e acordos;
d) aprender a fazer planos e projetos para garantir a sobrevivência e a projeção da organização, o que significa aprender a planejar com os outros futuros sociais que devem ser cuidados e protegidos;
e) e, talvez o mais importante, aprender a buscar o reconhecimento no "todo geral", ou seja, no Estado, o que implica assimilar que o Estado deve refletir a organização da sociedade a que pertence e estar perto dela.[7]

A criação e o desenvolvimento das organizações são, ao mesmo tempo, fator pedagógico para a formação da cidadania e o fortalecimento da democracia porque aumentam o tecido social. E, por meio das organizações, as pessoas podem negociar e definir seu futuro, expressão máxima de autonomia; de cidadania.

1.4 O tecido social: a maior riqueza de uma sociedade

Aléxis De Tocqueville,[8] tentando buscar uma explicação para a força da democracia dos Estados Unidos (EUA), diz: "Nos países democráticos, a ciência da associação é a ciência-mãe; o progresso de tudo mais depende dela."

Saber organizar-se e associar-se é a ciência-mestra de uma sociedade porque assim se produz auto-regulação e assegura-se a proteção aos direitos.

O primeiro passo para superar a pobreza em uma cidade, região ou sociedade é criar e fortalecer as organizações. Um dos indicadores de pobreza mais graves é não estar organizado.

Quando a pessoa não está organizada, não se sente obrigada a respeitar regras dos outros nem da sociedade (não tem auto-regulação) e, ao mesmo tempo, seu isolamento facilita que outros violem seus direitos (não há proteção social).

Uma sociedade é tanto mais sólida quanto maior for o número de organizações ou associações produtivas, ou seja, organizações que gerem transações políticas, econômicas, sociais e culturais úteis.

A relevância de uma pessoa e a capacidade de influenciar o seu entorno social estarão relacionadas com a quantidade de organizações produtivas a que

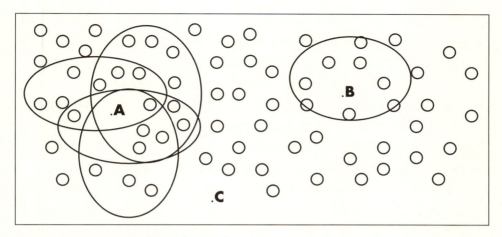

Figura 1 – Comparação de tecido social.

ela pertence. Suas atuações, seus pensamentos e suas decisões terão chance superior de afetar mais pessoas.

O que chamamos de tecido social se refere à rede que as diferentes organizações geram entre si. Quanto maior o número de organizações produtivas, mais dinâmica, forte e auto-regulada será a sociedade, daí a analogia com o tecido, que, quanto mais entrelaçado e com fios, mais forte se apresenta.

Na Figura 1, imaginemos que os círculos representem pessoas de um mesmo bairro ou de uma sociedade. A pessoa A pertence a quatro organizações, B, a uma, e C, a nenhuma.

Se alguém pretende violar um direito de A, sua reação (o ato de reclamar ou proteger seu direito) faz vibrar ou mobilizar mais pessoas por meio das organizações a que pertence; estando, assim, mais protegido em seus direitos. B tem menos possibilidades e C se encontraria pedindo ajuda a pessoa por pessoa. Por isso, não estar organizado representa uma pobreza.

Mas, ao mesmo tempo, se A quer transgredir uma norma ou um costume, terá que pensar muito bem. Ao afetar muitos negativamente, sofrerá rejeição e/ou sanção social por parte de muitos. Portanto, A procurará controlar-se mais que B; podendo C se descontrolar socialmente com facilidade. A organização produz auto-regulação na sociedade.

Quando uma parte da sociedade tem um tecido sólido (mais organizações) e outras partes menos, a distribuição dos bens e serviços privados e coletivos (os direitos) tende a ser desigual.

A organização permite solucionar os conflitos produtivamente, sem violência. Faz do conflito uma oportunidade, pois permite estabelecer regras para ceder e receber cessões; regras e critérios que, por serem respeitados por todos, permitem chegar a soluções equilibradas e de resultados relativamente permanentes. Normalmente, um conflito sem organizações conduz ao caos.

Quando falamos em organizações, referimo-nos a todo tipo de organização: desde o círculo de amigos que se reúne sistematicamente para jogar cartas ou fazer crochê até a organização política ou o movimento social.

Para solucionar problemas ou alcançar objetivos em um lugar ou sociedade, em termos de transações, pode ser tão importante o clube de amarelinha quanto um conselho de administração de uma empresa ou de um movimento social. É necessário deixar de acreditar que só a organização política é importante (sem deixar de reconhecer a importância desta).

2 Os princípios básicos da democracia[9]

Para construir uma ordem social na qual todos possam ser felizes

O propósito de contribuir para a construção do projeto de nação exige que se tenha uma compreensão e um discurso sólido, simples e estruturado sobre a democracia. É essa a pretensão deste tópico, uma vez que está inserido neste livro, não se tratando de um texto independente.

Aqui se introduz uma compreensão da democracia como uma cosmovisão: como um modo de ver a vida e de estar no mundo.

Como a democracia é uma cosmovisão, é construída sobre princípios. São seis os princípios que servem de critério para orientar a atuação e formar uma cultura democrática própria, como veremos mais adiante.

A democracia não é uma ciência, um dogma, um partido, uma política. É uma forma de ver e de estar no mundo, um modo de ser e de viver. Em uma palavra, é uma cosmovisão.

E toda cosmovisão é uma maneira de organizar o mundo. Quando uma cosmovisão é compartilhada por muitos, ela é social e produz coesão.

O cristianismo, por exemplo, é uma cosmovisão cuja proposta é a aceitação do mundo criado por um ser superior, sendo o outro o nosso irmão. O islamismo, o capitalismo, o marxismo são outras cosmovisões. E essas cosmovisões penetram e influenciam toda a vida, o pensamento, as relações privadas e públicas.

A democracia não é natural ao ser humano. É uma invenção que ocorreu há 2.500 anos na Grécia Antiga. E, como toda criação humana, pode prosperar, desaparecer e ressurgir.

Os gregos criaram as idéias democráticas, o Ocidente as herdou e, com o decorrer do tempo, esses ideais foram assumidos por outras culturas.

> A democracia não é só uma verdade em construção. É, antes de tudo, um *ethos*, um modo de ser, também em construção, com base em vivências valorativas. Não se pode pensar em ser democrata enquanto não se tiver experimentado o valor da solidariedade, do altruísmo, da responsabilidade social, do espírito cívico, do respeito por todos os bens comuns e, antes de tudo, o respeito pela pessoa humana.[10]

Por ser uma construção contínua, a democracia é como o amor: não se pode comprar, nem decretar. Só se pode viver e construir.

Ninguém dá a democracia para uma sociedade. Ela é uma decisão tomada pela sociedade. E essa foi a determinação definida na Constituição colombiana de 1989: construir um estado social de direito.[11]

Por ser a democracia uma cosmovisão, ela compreende tudo. As idéias democráticas nos conduzem a perguntar sobre como construir casamentos democráticos e relações democráticas de casais, famílias, empresas e sindicatos democráticos; assim como são um partido e um Estado democrático.

Também porque é uma cosmovisão, a democracia não pode ser construída sobre leis, mas sim sobre princípios de ordem ética, que nos orientam na construção do projeto democrático:

➤ o princípio da secularidade;
➤ o princípio da autofundação;
➤ o princípio da incerteza;
➤ o princípio ético;
➤ o princípio da complexidade;
➤ o princípio do público.

Ainda porque a democracia é uma cosmovisão, esses princípios foram elaborados através do tempo. Alguns surgiram na Grécia e outros, como os princípios ético e o público, são obras mais recentes.

Princípio da secularidade

> Toda ordem social é construída. A ordem social não é natural, por isso são possíveis as transformações na sociedade.

A democracia é uma invenção do ser humano, inventor também da sociedade. Por isso, nenhuma ordem social é de origem divina ou externa à vontade das pessoas que a assumem: é construída. Podendo, portanto, ser transformada pela mesma vontade que a construiu.

A democracia é uma opção de sociedade que expressa uma forma de ver, interpretar e organizar o mundo em função do respeito aos direitos humanos.

Uma sociedade democrática:
- aceita que sua ordem social seja construída por todos;
- percebe seus cidadãos como fonte e como criadores dessa ordem;
- tem consciência de que os cidadãos podem modificar a ordem social;
- converte os problemas em oportunidades, mediante o debate e a deliberação pública entre os cidadãos.

Princípio da autofundação

> A democracia é uma ordem que se caracteriza pelo fato de que as leis e as normas são construídas ou transformadas pelas mesmas pessoas que as vão viver, cumprir e proteger.

A democracia é uma decisão da sociedade. É, portanto, o espaço por excelência da liberdade, só possível quando resultante de um acordo mútuo, do cumprimento e do respeito àquilo que foi produto de uma decisão livre, ou seja, de um acordo fundado coletivamente. Uma sociedade começa a ser livre e autônoma quando ela mesma for responsável por estabelecer a ordem social e política que quer viver, cumprir e proteger para a dignidade de todos.

A democracia é uma ordem autofundada: as próprias pessoas da sociedade decidem a ordem que aceitam para viver e que a transformam quando a consideram conveniente. Por isso, a democracia requer a participação de todos os membros da sociedade.

Esse princípio é a base da governabilidade, da ética, da criatividade, da autonomia, da liberdade, da participação e da representatividade. A convivência democrática começa quando a sociedade aprende a autofundar sua ordem social.

Princípio da incerteza

Não existe um modelo ideal de democracia que possamos copiar ou imitar: cada sociedade deve criar sua própria ordem social.

A democracia é uma construção cotidiana, feita por todos, de acordo com princípios compartilhados. A cosmovisão é uma construção própria de cada sociedade e só ela pode fazê-lo. Nem uma pessoa de fora nem outra sociedade podem fornecer-lhe esta visão, que afeta todos os aspectos relevantes de sua contribuição: como são nesta sociedade as instituições democráticas? E as empresas democráticas? E as organizações democráticas, os partidos democráticos, a família democrática? A construção da democracia impacta toda a sociedade.

É possível aprender com a experiência de outras sociedades, mas cada uma deve construir sua própria ordem democrática a partir de sua história, seu conhecimento, suas tradições e sua memória; com base naquilo que é, que tem e da maneira como é capaz de se projetar. Posto que ninguém sabe como é a ordem social perfeita, a família perfeita, a instituição perfeita. Não temos modelos, sendo necessário, portanto, trabalhar todos os dias na sua construção, sem saber exatamente quando e aonde vamos chegar: e nisso consiste o princípio da incerteza.

Princípio ético

> Ainda que não exista um modelo ideal de democracia, toda ordem democrática está orientada para viabilizar os direitos humanos, cuidar da vida e protegê-la.

A democracia é o projeto da dignidade humana. O Projeto de Humanidade, contido na promulgação da Declaração Universal dos Direitos Humanos, no dia 10 de dezembro de 1948, constitui o norte ético do Projeto Democrático. Uma ordem social autofunda-se democrática se possibilita, a todos, os direitos humanos e a vida, isto é, se tem compromisso com a dignidade humana.

Isso significa que o respeito pelos direitos humanos não deve ser entendido como norma, mas como uma maneira de viver e de ser; com critérios que conduzem a escolher sempre aquilo que convém à vida digna de todos.

O princípio ético conduz a uma pergunta básica: como os direitos humanos podem se converter em princípio que ordene as relações sociais, a política, a economia, a cultura, em poucas palavras, em princípio que ordene a vida social?

O desafio é radical: só é possível, hoje, construir a democracia em uma sociedade que se constrói a si mesma sob a lógica dos direitos humanos.

Princípio da complexidade

> O conflito, a diversidade e a diferença são elementos constitutivos da convivência democrática.

A democracia é includente, acolhe todos os interesses. Para ela, a paz não é a ausência de conflitos; é o resultado de uma sociedade capaz de aceitar regras para dirimir o conflito sem eliminar o outro (nem física, nem sociológica, nem psicologicamente). Na democracia, não existem os inimigos, mas opositores: pessoas que pensam diferente, "querem diferente" e têm interesses diferentes, que podem colidir com os dos outros, mas com os quais é possível conciliar futuros comuns.

Um dos instrumentos mais poderosos que a democracia tem para fazer do conflito uma oportunidade positiva é a deliberação.

A deliberação se converte em um valor social quando, diante de um conflito:
- pessoas diferentes são capazes de colocar em jogo seus interesses;
- podem expressar, sustentar e defendê-los com serenidade e transparência;
- procuram convencer os outros da pertinência de seus interesses, mas estão dispostos a se deixar convencer pela prioridade de outros interesses;
- aprendem a ceder e a receber concessões;
- e, entre todos, baseando-se nas diferenças, são capazes de construir bens coletivos.

A deliberação social é o instrumento da democracia para construir os consensos sociais que são a base para a paz.

Princípio do público

Na democracia, o público se constrói na sociedade civil.

A democracia é para todos e para ela; o público é aquilo que convém a todos, da mesma maneira, para sua dignidade. Portanto, o público é mais amplo e ultrapassa o "estatal", sem que isso signifique desconhecer que as instituições públicas por excelência devem ser o Estado e as leis, precisamente porque a força do público vem de sua capacidade de sintetizar e representar os interesses, contraditórios ou não, de todos os setores da sociedade.

Esse princípio é o mais novo do discurso democrático moderno. Somente quando uma sociedade decide construir suas instituições em função da dignidade humana terá as instituições de que necessita para viver e perdurar. Só assim existirá união entre as instituições e a consciência da sociedade.

A construção social do público requer passar da linguagem privada à linguagem coletiva, dos bens privados aos coletivos, das perspectivas privadas ou corporativas às perspectivas de nação e coletivas. Requer desenvolver nos cidadãos formas democráticas de pensar, sentir e agir; isto é o que se conhece como cultura democrática.

3 A CONSTRUÇÃO DO PÚBLICO E DE BENS COLETIVOS[12]

> O público
> "lugar onde tudo acontece,
> onde se prova o amor,
> a identidade se afirma,
> a justiça é destino;
> a verdade, horizonte,
> compromisso, a liberdade.
> Ali nasce a tolerância,
> luz e a solidariedade,
> floresce o diálogo,
> cresce a força,
> acontece a responsabilidade".[13]

3.1 O que é o público?

3.1.1 O público com base no que convém a todos

O público é aquilo que convém a todos, da mesma maneira, para a dignidade de todos. A calçada e o parque são públicos, porque sempre estão ali, para que todos transitem e se divirtam, sem exclusão por idade, sexo, partido ou religião.

Todos os bens ou serviços destinados à satisfação das necessidades comuns e indispensáveis, que possibilitam a vida digna da população, são os bens públicos ou coletivos por excelência: a justiça, a vigilância das ruas, os serviços domiciliares (água, luz, esgoto), a educação básica, a medicina preventiva, a moradia, as telecomunicações etc.

Quando a disponibilidade ou a satisfação desses bens ou serviços exclui uma parte da população ou eles são de uma qualidade para uns e de outra para outros, diz-se que há desigualdade ou corporativismo.

Por exemplo: a educação não é pública porque se paga com recursos do Estado. É pública quando é de igual qualidade para todos, estude onde estudar o aluno.

Quando os bens ou serviços públicos se constroem em função de interesses particulares (de grupos ou setores sociais) e as decisões sobre seu acesso e uso estão determinadas por motivos diferentes do bem comum, esse bem público é excludente ou desigual. É o que se entende por "corporativizar" o público: apropriar-se, para benefício privado, de um bem que deve existir para todos, da mesma maneira. A corrupção é a apropriação privada do público.

3.1.2 O público tomando-se por base a comunicação e o debate

Outra forma de entender o público é por meio da comunicação:

> o público vem do povo. Desde o começo, a palavra se relaciona com a inclusão. O público é o contrário de secreto. Originalmente, corresponde ao que chega a ser de conhecimento do povo. ...A crescente importância do público se manifesta no critério de que (sic) para um campo amplo de ações e para um conjunto cada vez mais amplo de atores só é aceitável aquilo que pode ser validado por uma via de comunicação aberta a todos os que têm interesses ou são afetados por ela.[14]

Essa concepção comunicativa do público é hoje fundamental para criar governabilidade, legitimar o Estado e as atuações das instituições públicas. É o que se conhece como transparência pública.

Para que uma lei ou uma norma gere governabilidade, isto é, para que contribua para ordenar o comportamento social e seja acatada em liberdade (seja útil), deve ser debatida publicamente e guiada pelo bem comum. Quando a lei é construída em segredo (pelas costas dos que serão afetados) ou camufla interesses privados com aparência de interesse público, sua aplicação fragmenta a sociedade, deslegitima as instituições e cria condições para a violência.

O debate e a deliberação pública de leis, para que sejam úteis coletivamente, requerem que sejam feitas de acordo com duas hipóteses:
a) a hipótese cognitiva: uma deliberação pública necessita que os vários interlocutores estejam aludindo ao mesmo conjunto de feitos básicos e isso, por sua vez, implica que esses feitos básicos sejam feitos verdadeiros;
b) a hipótese ética: uma deliberação ou decisão genuinamente pública implica que os interlocutores ou gestores pensem ou atuem em termos de valores e

não de interesses, isto é, que apelem genuinamente ao bem comum e que as discrepâncias versem sobre como se assegura melhor esse bem comum.[15]

O mesmo se pode dizer da atuação do Estado e dos funcionários públicos. Quando suas ações são visíveis e orientadas para o bem comum, sua autoridade cresce. A autoridade de um Estado provém de sua capacidade de promover a aceitação pelos governados e essa aceitação está relacionada ao modo ético e transparente de agir dos funcionários públicos: que as decisões sejam aplicadas para todos (transparência) e tomadas em favor do bem comum (ética).[16]

3.1.3 O público a partir do mercado

Do ponto de vista do mercado, um bem ou serviço é público quando o mercado "falharia", isto é, "produziria" uma quantidade insuficiente em termos sociais. Em outras palavras, o mercado não tem a capacidade de produzir o bem ou serviço da mesma maneira para todos. Aqui seguimos H. Gómez Buendía. Ele diz que o bem é público quando o mercado falha (quando seu jogo livre produz uma quantidade insuficiente do bem). A falha do mercado pode decorrer de distintas razões e, por isso, é possível agrupar os bens públicos em cinco grandes grupos:

a) o bem público puro, que nenhum indivíduo produziria porque qualquer um pode desfrutar sem pagar. É o caso da defesa nacional, da segurança pública, da administração geral do Estado e dos serviços de justiça (pois, a princípio, uma justiça paga não é justiça, ela só e justiça se for universal);

b) as externalidades positivas (quando o produtor direto não recebe a totalidade dos benefícios) ou negativas (quando não assume a totalidade dos custos), de maneira que a produção ficaria abaixo ou acima do ótimo social. O principal exemplo de externalidade positiva é a investigação científico-tecnológica; e de externalidade negativa é o abuso do meio ambiente;

c) as indivisibilidades de oferta,[17] quando a tecnologia mais eficiente requer custos fixos tão altos que não seria possível assumi-los particularmente. Essa é uma situação comum nos serviços públicos domiciliares (energia, aqueduto, telecomunicações etc.) e na infra-estrutura (estradas, aeroportos, mobiliário urbano etc.);

d) as necessidades meritórias(...) nas quais a incapacidade de pagamento dos mais pobres levaria a produzir abaixo do ótimo social. Essas necessidades meritórias (ou seja, universalmente reconhecidas), no mínimo, incluem hoje a nutrição, a moradia, a saúde e a educação básicas;

e) (...)a informação que incide sobre as instituições (incluindo a publicidade do trabalho legislativo) ou sobre a produção e o uso de bens públicos (por exemplo, sobre os custos de construir e as condições de acesso a um aeroporto) tem caráter público.[18]

3.2 Quem constrói o público?

O público é construído pelas elites, isto é, por aquelas pessoas cujas atividades e propósitos transcendem o âmbito do privado e dos ambientes imediatos.[19]

Ser elite não é ser rico economicamente. As elites são aquelas pessoas ou grupos de pessoas que, com sua atuação ou decisão, podem modificar os modos de pensar, sentir ou agir de uma sociedade.

Essa capacidade de transformação e de influência converte a pessoa ou o grupo em um referencial porque pode expressar, ordenar ou orientar as aspirações ou expectativas coletivas.

Quando uma elite trabalha para produzir bens e serviços para o bem comum, diz-se que é elite dirigente (classe dirigente). Quando elas privatizam o público ou usam sua influência e capacidade para produzir exclusão e desigualdade, diz-se que são elites dominantes (classe dominante).[20] Toda mudança social necessita de elites, mas elites dirigentes.

Dentro dessa perspectiva, são elites dirigentes, entre outros:

a) os intelectuais, quando contribuem para fazer entender, explicar e interpretar os problemas da sociedade em função do bem coletivo. Com seu pensamento, abrem perspectivas e ajudam a ordenar a incerteza da sociedade.

b) os comunicadores, quando contribuem e criam condições para que os diferentes sentidos, atuações e formas de ver a realidade que existem na sociedade possam circular e competir em igualdade de condições. Quando informam, tornam visível e valorizam, da mesma maneira, o mundo do campo, dos índios, dos negros, dos ricos, dos pobres etc.

c) os políticos, quando fazem convergir os diferentes interesses das pessoas para a construção de interesses e bens públicos. E, também, quando fazem leis úteis.

d) os artistas, porque é por meio da arte (música, pintura, atuação, teatro etc.) que uma sociedade se reflete e pode se observar para se entender e mudar. A verdadeira arte é um reflexo da sociedade que a produz.

e) os administradores públicos, porque deles depende o manejo do bem público por excelência: o Estado e a aplicação das leis. Um Estado bem administrado é a base da igualdade, da governabilidade e da autoridade pública.

f) os diretores e líderes das organizações da sociedade civil (organizações não-governamentais (ONGs), sindicatos, cooperativas, associações profissionais etc.), quando criam ou administram entidades que produzem bens coletivos, facilitam as transações e contribuem para fortalecer a cooperação entre o público e o privado, para produzir riqueza e superar a pobreza.

g) os empresários, quando produzem racionalmente bens e serviços para a vida digna da população, estando suas atuações rentáveis guiadas por critérios de responsabilidade social.

h) os líderes sociais e comunitários, quando criam organizações e bens coletivos para a vida digna dos bairros e das comunidades.

i) os líderes religiosos, na medida em que têm autoridade na intimidade da consciência e na visão do transcendente religioso.

3.3 Onde se constrói o público?

O público é construído nos espaços para deliberação, debate e acordo. Nos lugares onde se tomam as decisões. Nos espaços educativos e de produção do saber, nos meios de comunicação e nas indústrias culturais.

O público, entendido como o que convém a todos de forma igualitária e para sua dignidade, se constrói no Estado e em espaços não-estatais:

a) espaços de deliberação, acordo e debate: todos os organismos de eleição pública. Nas discussões e assembléias públicas de bairro; nos programas, entrevistas e debates públicos por intermédio dos meios de comunicação; nos fóruns e congressos internacionais.

b) espaços de decisão: as ramificações do poder público. Os organismos internacionais (ONU, OEA, bancos multilaterais, ONGs etc.), os sindicatos e associações profissionais.

c) no sistema educativo e nos centros de conhecimento: o currículo dos estabelecimentos educativos e a atuação da escola ou colégio convertem o saber da sociedade em um bem coletivo. Por isso, o fracasso escolar ou o inacesso ao sistema escolar é uma das formas de exclusão mais nocivas à pessoa. Os centros de pesquisa e de desenvolvimento tecnológico são a fonte de novos bens coletivos.

d) as indústrias culturais: editoras, gravadoras, indústrias audiovisuais, grandes lojas de roupas e indústrias desportivas produzem e distribuem os bens simbólicos, que dão sentido coletivo à sociedade atual.

3.4 O público (o coletivo) a partir da empresa

Parece uma contradição dizer que o público e os bens coletivos podem ser produzidos com base no interesse privado.

Quando as empresas e o mercado produzem bens e serviços baseados em um critério ético (cooperando com a viabilização dos Direitos Humanos), estão favorecendo o interesse comum. Isso é o que se chama de Responsabilidade Social Empresarial.

A empresa contribui para o coletivo e para o público de diferentes formas:

a) na produção e distribuição ética do valor agregado: na compra de bens e serviços de terceiros, no pagamento de salários adequados, na distribuição de dividendos aos acionistas, no pagamento dos impostos estipulados.

b) quando aumenta o capital social: construindo infra-estrutura, melhorando o urbanismo e a arquitetura, cuidando do meio ambiente, apoiando as organizações cívicas e abrindo novos mercados e relações internacionais.

c) por meio da qualidade e durabilidade dos produtos: planificando a obsolescência e a abundância dos produtos básicos em favor da dignidade humana e do cuidado com o consumo de água e energia.

d) mediante os preços e a penetração nos mercados. Preços ao alcance das maiorias e em mercados que cheguem com serviços adequados a zonas pobres ou afastadas permitem superar a existência de duas economias: a dos pobres e a dos ricos.

e) promovendo a organização interna da empresa por meio da participação e a externa pelo apoio à organização social.
f) aumentando as externalidades positivas: fundos para pesquisa e desenvolvimento tecnológico; difundindo informação científica e técnica; e fomentando os comportamentos éticos nos contratos e licitações públicas.
g) diminuindo as externalidades negativas: fundamentalmente adquirindo e importando procedimentos técnicos que diminuam ou evitem a contaminação ou a deterioração do meio ambiente.

Observação final

De todo o exposto, pode-se deduzir uma premissa: o público é o lugar em que a eqüidade se faz possível. Quanto maior for a produção de bens coletivos e públicos, maior será a eqüidade. Mas, produzir bens públicos exige um saber que é necessário construir e desenvolver: requer aprender a trabalhar coletivamente.

Carl Sagan,[21] em um dos capítulos da série de televisão "Cosmos", diz que se a ética não precede e orienta a ciência, a tecnologia e o poder, estes destruirão a espécie. Ou o século XXI será o século da ética, de possibilitar os Direitos Humanos, ou o projeto de dignidade que esperamos não se concretizará.

4 A produtividade como projeto ético[22]

Podemos definir a produtividade como a capacidade que uma sociedade tem de usar, racional e adequadamente, os seus recursos para gerar bens e serviços que permitam uma vida digna a todos.

4.1 O horizonte ético da produtividade

Superar a pobreza e a exclusão significa também a criação da riqueza. A superação da pobreza exige que toda a sociedade seja produtiva. A sociedade produtiva não é aquela que tem apenas empresas e instituições produtivas.

A construção da democracia requer ao mesmo tempo produtividade econômica, política, social, cultural e ambiental.

- Produtividade econômica é a capacidade que uma sociedade tem de usar racionalmente os seus recursos para produzir bens e serviços que contribuam para a dignidade humana, ou seja, tornem possíveis os Direitos Humanos a todos. Nem tudo o que é rentável é ético, com base na perspectiva dos Direitos Humanos. A produtividade econômica não tem sentido quando gera exclusão e pobreza em algum setor.
- Produtividade política é a capacidade que as pessoas e as organizações de uma sociedade têm para fazer convergir os interesses até o alcance de bens públicos e coletivos que colaborem para a dignidade humana. O papel fundamental da política é a coletivização de interesses, a construção de interesses coletivos tomando-se por base os interesses individuais múltiplos. São os interesses coletivos que permitem o avanço de uma sociedade.
- Produtividade social é a capacidade que uma sociedade tem de definir e criar organizações e instituições que façam transações com facilidade para aumentar a participação dos cidadãos e a inter-relação entre as instituições. A força e a importância de uma instituição depende da sua capacidade para incentivar e conseguir um maior número de transações positivas (que favoreçam a dignidade).
- Produtividade cultural é a capacidade de uma sociedade de criar condições estáveis para que os diferentes sentidos e significados que os diversos grupos e setores da sociedade produzem circulem e concorram em igualdade de condições. A exclusão cultural é uma das manifestações mais graves de injustiça social porque oculta e impede que as formas de ver e construir o mundo de certos setores sociais (negros, índios, população rural, imigrantes etc.) possam circular e competir no universo dos sentidos e significados simbólicos.
- Produtividade ecológica é a capacidade que uma geração tem de entender, desenvolver, proteger e conservar os recursos do planeta, vivendo condignamente e assegurando a dignidade e a sobrevivência às gerações futuras.

4.2 Produtividade e identidade

Os recursos existentes são muitos e variados e, para podermos usá-los racional e adequadamente, é preciso conhecê-los e compreendê-los. Somos um país rico em dons naturais diversos e privilegiados em alguns de grande valor, como a água e a diversidade biológica. Entretanto, o fato desses dons existirem em nosso território não significa que representem um recurso. Os dons da natureza convertem-se em recursos para uma sociedade à medida que são identificados, classificados, estudados e compreendidos. Poder conhecer, articular e entender os dons naturais que possuímos é uma condição fundamental para a nossa produtividade.

Há outros recursos que necessitam de valorização para alcançar uma produtividade que lhes seja essencial: formas de viver, produzir e trabalhar herdadas das culturas indígenas, africanas e européias. Devemos entender e valorizar o fato de sermos mestiços na genética e na cultura, pois essa mestiçagem nos dá uma identidade particular, manifestada na maneira de se relacionar, viver e ver o mundo e de usar os recursos de que dispomos. Compreender e dar valor à nossa identidade mestiça nos ajudará a construir um tipo de produtividade própria, útil para nós e para os outros países. O conhecimento e a valorização da nossa própria cultura e identidade (com suas vantagens e limitações) é condição básica para a produtividade. Essa auto-afirmação é que nos permite aprender com os outros e ser produtivos internacionalmente, sem medo do que somos.

O receio de pensar, de experimentar, de buscar novas soluções para os problemas, de aprender com os outros ou de lhes oferecer nossos conhecimentos são obstáculos que precisam ser superados se o nosso objetivo é desenvolver uma cultura de produtividade. Perceber e aceitar nossa tradição e cultura mestiças é uma forma de vencer esses medos.

Podemos chegar a ser altamente produtivos se conseguirmos entender e valorizar a grande quantidade de conhecimentos e soluções de problemas que herdamos das culturas africanas, indígenas e européias. Porque somos África, porque somos América, porque somos Europa; por isso somos mestiços. Essa é a identidade de nossa produtividade.

5 Uma visão da justiça social com base nos direitos humanos – teses para um debate[23]

5.1 O século XX, o século da proposta ética

Quando, em meados do século XXI, as novas gerações se perguntarem pela principal contribuição e herança do século XX, sem dúvida a resposta será: a Declaração Universal dos Direitos Humanos, de 10 de dezembro de 1948.

Desde a Antigüidade, os grandes líderes políticos e espirituais procuraram formular e construir códigos de humanização: os Códigos de Hammurabi, o Deuteronômio de Moisés, a Carta de Toledo de 502, a Carta de João Sem Terra, no século XIII, a Declaração da Independência dos Estados Unidos da América, a Declaração do Cidadão da Revolução Francesa etc.

Todas essas formulações foram elaboradas para controlar os abusos do poder, prevenir a barbárie, delimitar relações eqüitativas entre o povo e seus governantes, estabelecer formas de convivência e de vida com melhor qualidade entre os indivíduos. Todas são propostas que contribuíram para responder o grande desafio da espécie humana: passar do comportamento primitivo da manada para a construção de formas de vida fraternal e solidária entre os membros de uma mesma sociedade e entre elas. No entanto, todas essas propostas foram feitas para povos e sociedades particulares. Não tinham vocação universal.

A dor e a barbárie da Segunda Guerra Mundial é que permitiram convocar todas as nações para a formulação de um acordo mundial de humanidade. Esse é o significado e a importância da Declaração Universal dos Direitos Humanos: pela primeira vez, nós, seres humanos, elaboramos um projeto universal de humanização para nós mesmos a fim de proporcionar a todos uma mesma dignidade.

Anos mais tarde, em 16 de dezembro de 1966, foram escritas a Carta de Direitos Civis e Políticos e a Carta dos Direitos Sociais, Econômicos e Culturais.

No início dos anos 1970, começaram a se desenvolver os convênios internacionais sobre os direitos coletivos e difusos (ambientais, salubridade pública, espaço público etc.). Esse conjunto de cartas de direitos e de convênios internacionais para a humanização das relações entre os homens e as mulheres do planeta é a grande herança ética do século XX.

Se entendermos ética como a arte de eleger o que interessa à dignidade humana e se considerarmos os direitos humanos (em todas as suas formulações) como o projeto ético universal de dignidade humana, devemos aceitar que o referente para definir a justiça social e uma sociedade justa é a Declaração Universal dos Direitos Humanos. As teses a seguir procuram aprofundar essa visão.

5.2 Tese central

> A finalidade primeira da justiça social é garantir à sociedade os direitos fundamentais, civis, políticos, econômicos, culturais, coletivos e difusos. Os direitos humanos são o norte ético da justiça social.

Dessa tese central deriva-se uma série de teses específicas.

Tese 1

> O propósito coletivo de criar condições estáveis para possibilitar os Direitos Humanos (DH) a todos é o que define uma sociedade justa. Tornar a dignidade humana crível justifica a existência da sociedade e de suas instituições.

Os DH são hoje o critério e o indicador para analisar e avaliar o desenvolvimento humano de todas as sociedades. Uma sociedade é tanto mais justa quanto maior for seu desenvolvimento humano, isto é, quando suas instituições sociais, políticas e culturais estiverem orientadas para produzir, fortalecer e proteger os direitos humanos.

Tese 2

> O exercício pleno e a proteção aos direitos humanos dependem da capacidade de associação e organização que tenha a sociedade. A associação organizada produz auto-regulação (cumprimento de normas e acordos sociais) e, ao mesmo tempo, garante os direitos humanos.

O primeiro passo para superar a pobreza e a exclusão social é criar e fortalecer as organizações. Não estar organizado é o maior indicador de pobreza. Quando as pessoas não estão organizadas, não se sentem obrigadas a respeitar regras na relação com os outros e/ou com a sociedade (não têm auto-regulação) e seu isolamento facilita que outros possam violar seus direitos (não há proteção social).

A inclusão social, ou seja, a possibilidade real de poder participar e gozar ativamente dos bens e da riqueza institucional da sociedade, depende, para cada pessoa e para os diferentes grupos da sociedade, do nível de associação organizada que exista. A importância de uma pessoa e sua capacidade de interferir no seu ambiente estão relacionadas com o número e tipo de organizações a que pertence.

Quanto mais elaborado for o tecido social, quanto maior for o entrelaçado que as organizações geram entre si, melhor dinâmica, força e auto-regulação terá a sociedade. A pobreza e a injustiça social podem prosperar nos setores de baixo nível organizativo.

Tese 3

> A justiça social está relacionada com a quantidade e disponibilidade dos bens públicos a que tenham acesso os cidadãos. No público, tornam-se possíveis a eqüidade e a participação. O público é construído tomando-se por base a sociedade civil.

Aqui se define o público como aqueles bens que satisfazem a todos da mesma forma para a sua dignidade. Por exemplo, a educação é pública quando é de igual qualidade para as pessoas. Se um país aceita ter uma educação de boa qualidade para alguns setores e outra de menor qualidade para outros, nesse país a educação não é pública, ainda que seja paga com dinheiro do Estado. Um bem social é público quando é de igual acesso e qualidade para todos os cidadãos, mesmo que seja prestado por uma instituição privada. Quando um bem público é de uma qualidade para uns e de outra para outros, diz-se que existe desigualdade ou corporativismo. O público é um conceito que ultrapassa o estatal, sem desconhecer que as instituições públicas por excelência devem ser o Estado e as leis.

Se entendermos por cidadão a pessoa que é capaz de criar ou transformar a ordem social, em cooperação com os outros, para viabilizar a dignidade de todos, podemos, então, dizer que, nas democracias, o público se constrói a partir da sociedade civil. São os cidadãos que delimitam e definem (autofundar) o que é necessário à população de forma igualitária.

É mediante o fortalecimento e a criação de bens públicos que a sociedade civil contribui para alcançar a justiça social.

Aqui entende-se por sociedade civil o conjunto de pessoas e instituições que, em uma sociedade, pode fazer aquilo que não está proibido. Por isso, a sociedade civil é a base da criatividade e da diversidade social e econômica. E entende-se por estatal o conjunto de pessoas e instituições que pode fazer somente aquilo que está legislado e normatizado publicamente.

Tese 4

> A criação de riqueza econômica, política, social, cultural e ambiental é a tarefa fundamental dos três setores da sociedade para alcançar justiça social.

Os três setores da sociedade são:
1. as instituições do Estado;
2. o conjunto de instituições e organizações com fins lucrativos (empresas);
3. o conjunto de organizações e instituições sem fins lucrativos (fundações, ONGs etc.)

Considera-se riqueza o conjunto de bens, serviços, valores e relações que homens e mulheres de uma sociedade podem desfrutar para viver digna e livremente.

A riqueza é o resultado da produtividade econômica, política, social, cultural e ambiental que uma sociedade é capaz de gerar.[24] A justiça social depende da distribuição e quantidade disponíveis dessas riquezas. É tarefa dos três setores produzir essas riquezas para superar a desigualdade.

A justiça social é a adequada distribuição dessas riquezas. E sua fartura ocorre quando a sociedade civil (segundo e terceiro setores) e o Estado trabalham conjuntamente para produzi-las. Este é o estado social de direito.

NOTAS

1. Apresentado inicialmente como Parte 1 do texto El ciudadano y su papel en la construcción de lo social. Alcadía Mayor de Bogotá – Universidad Javeriana. Diplomado en Gestión Comunitaria y Gerencia Social. Unidad 1. Bogotá, ago. 2000.
2. GOMÉZ BUENDÍA, Hernando. La hipótesis del Almendrón. In GOMÉZ BUENDÍA, H. (Compilador). *Para dónde va Colombia?* Bogotá: Tercer Mundo Editores – Colciencias, 1999. p. 20.
3. N.O.: Embora se manifestem de maneira diferente em alguns casos, com maior ou menor intensidade em outros, esses seis desafios são, também, na opinião de Toro, os que se apresentam para o Brasil e para a América Latina.
4. N.O.: A Constituição Brasileira de 1988, em seu artigo 1º, define o Brasil como um estado democrático de direito. Ambas as definições, de estado social de direito e estado democrático de direito, se fundamentam no conceito de estado de direito, que surgiu como expressão jurídica da Democracia Liberal, tendo como características básicas a submissão à lei, a divisão de poderes e o enunciado e a garantia dos direitos individuais. A evolução social e política mostrou a insuficiência desse conceito. Nasceu, então, o conceito de estado social de direito, no qual o "qualificativo social refere-se à correção do individualismo clássico liberal pela afirmação dos chamados direitos sociais e realização de objetivos de justiça social" (DIAZ, Elias. *Estado de derecho y sociedad democrática*, p. 96). O conceito de estado democrático de direito incorpora mais uma característica: a democracia. Sem abrir mão do respeito aos direitos sociais e da promoção da justiça social (art .3º), define que eles se darão em um contexto de soberania popular e participação cidadã.
5. NORTH, Douglas. *Instituiciones, cambio institucional y desempeño económico.* México: Editorial Siglo XXI, 1994.
6. SEDANO, Jorge; DIAZ, Pedro Augustin; TORO, Jose Bernardo. *Teoria del sistema modular y su formulación para un caso concreto.* Bogotá: Universidad Santo Tomás de Aquino, 1978.
7. Ver texto O Estado como Momento da Produção da Sociedade. p.48
8. TOCQUEVILLE, Alexis De. *La democracia en América.* Barcelona: Editorial Orbis, 1969, p.198.
9. N.O.: Apresentado inicialmente como Parte 2 do texto El ciudadano y su papel en la construcción de lo social. Alcaldia Mayor de Bogotá – Universidad

Javeriana. Diplomado en Gestión Comunitaria y Gerencia Social. Unidad 1. Bogotá, ago. 2000.
10. Herrera, Daniel. La democracia: una verdad y un valor éticos en construcción. In: *Soberanía popular y democracia en Colombia*. Bogotá: Ediciones Foro Nacional por Colombia y Viva la Ciudadanía, 1992, p. 14.
11. Ver nota 4
12. N.O.: Apresentado inicialmente como Parte 3 do texto El ciudadano y su papel em la construcción de lo social. Alcaldia Mayor de Bogotá – Universidad Javeriana. Diplomado en Gestión Comunitaria y Gerencia Social. Unidad 1. Bogotá, ago. 2000.
13. Jaramillo, Juan Camilo; Beltrán, Gladys. *El lugar donde todo sucede. Las aventuras de los caballeros del Mandala.* Bogotá: Ed. Norma Comunicaciones S.A., 1998, p.121.
14. Mockus, Antanas. La pregunta de lo publico desde la sociedad civil. In: *Documento de Trabalho Preparatório do V Encontro Ibero-Americano do Terceiro Setor*. Bogotá, 2000.
15. Gómez Buendía, Hernando; Cardona, Héctor Fabio. *Hacia una associación de colombianos para la defensa del interés público*. Documento de intenção (versão preliminar). Bogotá, 1994. p. 3.
16. N.O.: Aqui, Jose Bernardo Toro cita um exemplo da Colômbia: "Um exemplo de como um funcionário público cria autoridade pública é o caso das atuações da Dra. Fanny Kertzman, como diretora de Impostos Nacionais. Por meio das decisões em benefício coletivo e da comunicação que fez delas à sociedade, conseguiu elevar o prestígio, a aceitação e a autoridade do Dian em um curto espaço de tempo." Deixamos por conta dos leitores o encontro de exemplos nacionais.
17. N.A.: Bens cuja produção só é eficiente em grande escala e que, por isso, pressupõem custos fixos elevados.
18. Goméz Buendía, Hernando. La hipótesis del Almendrón. In: Goméz Buendía, H. (Compilador). *Para dónde va Colombia?* Bogotá: Tercer Mundo Editores – Colciencias, 1999. p. 20.
19. Gómez Buendía, Hernando; Cardona, Héctor Fabio. *Hacia una associación de colombianos para la defensa del interés público.* In: Documento de Intenção (versão preliminar). Bogotá, 1994. op.cit. p.5.

20. Ver texto Transformar as Elites em Classe Dirigente. p.60
21. Carl Sagan, cientista americano, autor do livro e da conhecida série de TV em 13 capítulos "Cosmos", que foi ao ar pela primeira vez nos EUA, em setembro de 1980. Recebeu vários prêmios, sendo assistida por mais de quinhentas milhões de pessoas, de sessenta países, inclusive do Brasil. Disponível em vídeo e DVD.
22. Artigo construído com base na síntese da abordagem sobre produtividade em textos diversos.
23. Texto apresentado no Global Sênior Fellows Meetings 2003 do Instituto Synergos, realizado no México, em maio de 2003.
24. Ver o texto A produtividade como projeto ético. p.36

Os construtores
O Estado e a sociedade civil

Nesta parte são apresentados textos que tratam dos conceitos, da identidade e dos papéis dos diferentes setores da sociedade. Para Jose Bernardo Toro, a justiça social é a abundância e a adequada distribuição das riquezas. E a maior abundância ocorre quando a sociedade civil (segundo e terceiro setores) e o Estado trabalham conjuntamente para produzi-las.

1 O Estado como "momento" da produção da sociedade[1]

> "Hoje, a utopia é a forma de pensar o que fazer."
> N. Lechner

Apresentação

Qualquer relato totalizante tem como determinantes as concepções de Estado e sociedade.

Sobrevivem e se expandem as sociedades que evoluem para "sociedades com Estado". Todos os esforços que levaram a ordens vigentes de outra forma tiveram que retomar o Estado e a sociedade como determinantes do ordenamento totalizante: desde Maquiavel, mas, sobretudo, de Hobbes até Marx, passando por Locke, Hume, Montesquieu, Rousseau e Hegel.

O grande propósito da fundação social de "modificar as causas estruturais da pobreza" pretende efeitos que impactam toda a sociedade. Por isso, precisa ser descrito com base em conceitos abrangentes, que remetam a toda a sociedade o que significa considerar e incluir, ainda outra vez, o Estado e a sociedade civil. E isso não é simplesmente um exercício de rigor acadêmico e de coerência, mas é também uma necessidade prática.

É uma empreitada imensa de conquistas incertas (só o tempo poderá validar), mas indispensável empreender.

Sobre as notas que, a seguir, submetemos à discussão, deve-se dizer o seguinte:
➤ são um convite para iniciar a construção plena;
➤ quase todas as suas partes e seus textos são de Norbert Lechner e de seus comentários sobre Laclau, Zermeño y Landi. Também se fazem tomando idéias de José Luis Aranguren, Graciarena, J. J. Brunner, A. M. Bejarano e outros que estão na lista de referências bibliográficas.[2] Talvez a contribuição seja a seleção e o ordenamento;
➤ o texto é apresentado em forma de notas para facilitar sua discussão e enriquecimento ou rejeição.

Nota 1: O Estado como momento da sociedade civil

A distinção moderna entre sociedade e Estado não é uma separação "orgânica". Na realidade, pode-se pensar a objetivação do poder social (o Estado) como uma relação constitutiva da vida social. Isso implica aceitar que as divisões na sociedade não serão abolidas, mas somente transformadas. Dada a divisão na sociedade, esta só atua e dispõe sobre si mesma exteriorizando o sentido e o objetivo da convivência social em um lugar exterior a ela: o Estado, forma externa de convívio. É a representação de uma vontade coletiva de um grupo de homens que querem viver juntos, ser e fazer uma nação.

Toda sociedade dividida procura uma instância organizadora que reduza e resuma o conjunto de relações sociais. É a verificação da diversidade e o conflito cotidiano que a conduz a criar, fora dela mesma, o momento da unidade, dotando esse momento de força coercitiva, de relações de dominação e com instrumentos legitimados de integração.

É a divisão na sociedade que provoca a sua separação do Estado. Por isso, à medida que uma sociedade está menos fragmentada, está mais perto do Estado porque ele a representa melhor. Se uma sociedade dividida não é capaz de criar essa instância unificadora, desaparecerá em seu próprio conflito. E, ao mesmo tempo, se o Estado não é reconhecido (legitimado) como momento unificador, também sumirá. Por isso, o Estado é um momento da sociedade civil.

Podemos falar do Estado como representante da sociedade na medida em que ele é a representação que a sociedade faz de si mesma, síntese que não significa um suposto interesse geral ou consenso, nem o monopólio organizacional da coação física sem representação, na qual os sujeitos se reconhecem e se afirmam a si mesmos como "sociedade". Nesse sentido, poder-se-ia afirmar que o Estado é produto e, ao mesmo tempo, produtor da sociedade.

Nota 2: O lugar em que mulheres e homens se fazem sujeitos

Como as relações entre os homens e as mulheres não são "naturais", devem ser criadas, originando, assim, ordens sociais. Os indivíduos se fazem e se formam sujeitos quando concebem e produzem relações sociais. Mas, a criação e a produção das relações sociais acarretam normas de inclusão e exclusão, regras de reciprocidade e dependência, normas convencionais de regulação. Portanto, criar divisão na sociedade pressupõe, também, provocar conflitos.

As relações geram práticas sociais, as quais causam e invocam sentidos que podem ser articulados, desarticulados e rearticulados de maneiras diferentes. Por meio de e com as invocações e articulações de sentidos se reafirmam os sujeitos. Determinados sentidos devem ser excluídos porque é mediante sua proibição que se assegura o princípio regulador (pense no movimento feminista).

O reconhecimento privado de sentidos invoca o sujeito privado, mas só o reconhecimento de "um outro" geral faz o sujeito público, político, ou seja, o cidadão. Essa luta pela aceitação recíproca exige a referência a um "equivalente geral". É por meio de uma referência geral que cada sujeito se afirma ao mesmo tempo reconhecendo e negando o outro. Essa forma do geral é o Estado, por meio da qual cada sujeito aceita os demais e se afirma em sua particularidade. Somente sob a forma de Estado, a sociedade – o conjunto de sujeitos – pode organizar a convivência social, isto é, organizar sua divisão.

Talvez o exemplo dos recicladores sirva para fazer compreender esse discurso, aparentemente complexo. A fundação social os identifica e reconhece; não obstante, esse reconhecimento os faz sujeitos psicológicos, mas não sociais.

Quando criam relações sociais identificáveis (agrupam-se para constituir as pré-cooperativas), aí surge o sujeito social. Começam a estruturar inclusões e exclusões, reciprocidades e dependências, a invocar sentidos (são trabalhadores) e a negar sentidos (não são descartáveis). Mas, para serem reconhecidos por todos os "outros" sujeitos da sociedade e reafirmados em sua particularidade, necessitam do reconhecimento do "outro geral", o Estado. É esse reconhecimento que os permite articular e desarticular sentidos no todo social. Permite, também, fazer da divisão e do conflito social fonte de criação, porque todos já estão refletidos na totalidade, no Estado.

Em síntese, em termos sociais, o verdadeiro sujeito é o sujeito político, o cidadão que, para fazer-se como tal, necessita da sociedade civil para invocar significados, articulações, exclusões etc., e do Estado, para se legitimar diante do todo e contribuir para a organização da divisão social. Com base nessa perspectiva, pode-se dar significado para a definição de cidadão proposta por A. M. Bejarano.[3]

Nota 3: O paradigma da intervenção social

Os dois últimos itens sugerem que o Estado deve ser "parte constitutiva" da concepção da intervenção social (e não somente referência) porque a sociedade civil sozinha não pode construir sujeitos políticos, isto é, cidadãos.

De acordo com essa perspectiva, os grandes propósitos da intervenção social podem ser assim definidos:
a) favorecer uma reinstitucionalização democrática e participativa para criar uma nova ordem social de convivência;
b) favorecer a organização e a produtividade econômica, social e cultural dos setores populares;
c) favorecer a formação de uma nova ética civil: ética para a vida civil e privada, ética pública e um Estado ético, isto é, um Estado que garanta as "condições objetivas" da liberdade, dos direitos humanos, econômicos e sociais.

2 O Estado e o setor privado necessitam do Terceiro Setor?[4]

Ao finalizar o ensaio apresentado no IV Encontro Ibero-Americano do Terceiro Setor, Inês González Bombal disse o seguinte:

> o contrato social é um acordo sobre regras e normas que nos indicam a partir de onde uma sociedade julga o que está bem e o que está mal; o que é admissível ou inadmissível; o que é justo ou injusto; o contrato social é como o a priori da cultura política de uma época, o sentido comum[5] do povo.

Se fôssemos ver como estamos instruindo o contrato social hoje, ele teria três características:
1. Queremos um estado social de direito, isto é, um Estado que faça sempre possíveis e reais os direitos humanos e cuide da vida.
2. Queremos uma produtividade que seja capaz de superar a pobreza e a exclusão, isto é, uma sociedade na qual não somente as empresas sejam produtivas, mas toda a sociedade.
3. Queremos uma cidadania moderna que supere o conceito de liberalismo econômico, para evitar o problema ocorrido na América Latina, onde se confundiu democracia com o liberalismo econômico. Se não formos capazes de superar essas idéias, nosso contrato social, do ponto de vista da cidadania, ficará incompleto.

2.1 O que é um cidadão?

Responder a essa pergunta é um dos pontos mais importantes na hora de definir uma democracia moderna.

Observando a tradição democrática real, o que é um cidadão? Um cidadão não é uma pessoa que pode votar. Esse é um direito dele, mas isso não faz dele cidadão. O que faz do sujeito um cidadão é o fato de ele ser capaz de criar ou modificar, em cooperação com outros, a ordem social na qual quer viver, cujas leis vai cumprir e proteger para a dignidade de todos.

A autonomia das pessoas, assim como a autonomia das sociedades, não é conseguida a não ser por meio da ordem social, construída pela própria pessoa. Por isso, a ordem mais rigorosa edificada pelo homem até o momento foi a democrática, confundida por muitos como sendo ditadura. Enganam-se. As regras que as pessoas cumprem com mais rigor são as impostas por si para si mesmo.

A liberdade só é possível na ordem, mas a única ordem que possibilita a liberdade é aquela que eu construo. Uma sociedade começa a ser livre quando é capaz de dar ordem a si mesma, de se autocontrolar e de gerar normas e regras para a própria dignidade.

Participar não é ir a reuniões, a manifestações. Participar é criar a ordem na qual eu quero viver para a dignidade de todos.

2.2 O que se entende por dignidade?

Qual o conceito atual de dignidade? Atualmente, entende-se por dignidade a concretização dos Direitos Humanos, norte ético do contrato social. Na América Latina, os direitos humanos foram vistos como um problema de esquerda, de direita, da Igreja. Mas, eles são o enunciado da luta pela construção da dignidade humana. O ser humano por si só não é digno, ele deve construir a sua dignidade. Na grande história da construção da dignidade da humanidade, aconteceram conquistas e entendimentos que constam na Declaração Universal dos Direitos Humanos.

Quando se perguntar no futuro qual a maior criação do século XX, indubitavelmente a resposta será a Declaração Universal dos Direitos Humanos. Pela primeira vez, os seres humanos criaram um projeto de humanidade para si mesmos. Esse projeto é o norte do novo contrato social do século XXI.

Assim, o estado social de direito faz parte desse contrato, mas não é possível elaborá-lo se não houver uma profunda compreensão do que é ser cidadão, se as pessoas não forem capazes de construir a ordem social na qual querem viver para sua dignidade, ou seja, na qual querem viver para possibilitarem os direitos humanos.

Dentro dessa lógica, surge uma nova pergunta.

2.3 Onde se forma uma pessoa?

Essa pessoa capaz se desenvolve nos espaços de socialização, lugares ou instâncias onde adquirimos e transformamos o nosso pensar, sentir e atuar em relação a nós mesmos, aos outros e à coletividade; onde se concebem e se modificam os valores e os sentidos da vida. E a grande tarefa da sociedade civil é agir nesses lugares nos quais é possível construir o projeto de dignidade do século XXI: a consolidação dos direitos humanos.

Entende-se por espaços de socialização: a família, a rua, o grupo de amigos, a escola, a universidade, as organizações comunitárias e de bairro, as organizações intermediárias, o trabalho, as empresas, as igrejas, os partidos, os movimentos sociais e os meios de comunicação. Nesses ambientes se educa, ou se deseduca, o novo cidadão; criam-se as formas de pensar, sentir e atuar; fabrica-se, interiormente, esse novo contrato social, que significa um estado de direito, uma sociedade na qual são plausíveis os direitos humanos.

Ainda que os espaços de socialização estejam relacionados entre si, um não pode substituir o outro.

Na família se aprende a ternura; é o lugar social no qual o amar cotidiano se faz presente. Falar de ternura hoje não é o mesmo que há vinte anos. Atualmente, sabemos que se queremos uma sociedade capaz de amar o outro, de compartilhar e de ser solidária, é necessário se desenvolver na bondade. Não se trata da simples tolerância ou da concidadania. Incluir o outro, fazer de todos os outros um nós requer formação no afeto.

A ternura se concebe na carícia, no reconhecimento interior do lar, segundo demonstraram muitos biólogos e psicobiólogos, como Maturana, Francisco Valera, Llinas. Quando uma criança é criada com carinho e tem uma adolescência relativamente aberta, a probabilidade de atacar o outro, em vez de aceitá-lo, é de uma em duzentas.

Hoje, sabe-se que todo o corpo tem memória. Não somente o cérebro, mas todas as células têm memória e recordam a ternura e o golpe.

Quando uma pessoa é criada com golpes, restrições, exclusão, a probabilidade de que resolva seus problemas com agressividade, com eliminação do outro quando adulta, é muito maior.

A ternura não é uma questão poética, ela é a condição fundamental para fazer uma sociedade que nos permita considerar o outro como a nós mesmos, ou seja, capaz de idealizar maneiras de não-exclusão, de pensar um mundo no qual todos sejam incluídos e humanos.

Nossos amigos são a fonte de modificação, de fortalecimento e de testemunho de como manejamos os valores; e eternamente, continuarão influenciando e testando nossos valores.

As organizações comunitárias e de bairro nos ensinam o valor do coletivo imediato. Quando uma pessoa tem a chance de se formar em uma organização comunitária, adquire valores muito diferentes do que quando se forma em um clube. Os clubes são organizações de exclusão; as organizações comunitárias, de inclusão.

A escola é o primeiro espaço de atuação pública da criança, onde ela deixa de manejar coisas particulares para manejar elementos coletivos. Deixa de usar linguagens privadas para utilizar linguagens coletivas, de manipular símbolos privados para manusear símbolos coletivos, que pertenceram e pertencerão a outras gerações. Por isso, é importante que a escola seja rica em qualidade e calor, para que esse encontro com o coletivo forme o cidadão capaz de compartilhar.

Toda empresa é uma comunidade de pessoas nas quais descobrimos a capacidade de produzir, de criar para outros e de trabalhar com os outros. Se a empresa for construída e entendida como uma comunidade, seremos capazes de encontrar o modelo de empresa participativa.

Nas organizações intermediárias, aprendemos a aglutinar interesses similares compartilhados: sindicatos, associações profissionais, cooperativas, federações etc. Essas organizações são muito importantes para a formação da democracia e da convivência porque têm a capacidade de transformar o conhecimento em "macropossibilidades" e aplicá-las em "microssituações".

As organizações intermediárias foram abandonadas em nossa sociedade, permitindo aos grandes poderes a prática de abusos nas situações pequenas e cotidianas. Tais organizações são fundamentais para a circulação da energia máxima a lugares pontuais e de lugares pontuais a lugares de energia máxima.

Na igreja, aprendemos o valor do transcendental.

Nos partidos e movimentos sociais, aprendemos a aglutinar a multiplicidade de interesses em um interesse único. O grande valor da política e dos políticos é admitir a construção de um interesse tomando-se por base múltiplos interesses.

A democracia não parte do pressuposto de que somos todos iguais, mas diferentes. Quando queremos transformar essa multiplicidade de interesses em um interesse coletivo guiado pelos Direitos Humanos, são fundamentais os partidos e os movimentos sociais. Quando uma sociedade não tem partidos ou movimentos sociais, tem guerrilhas.

Pelos meios de comunicação, representamos e imaginamos o desejável, ou seja, construímos o imaginário, fazemos e representamos as coisas que queremos do mundo e de nós mesmos.

A sociedade civil deve cuidar desse grupo de espaços, pois é nele que formamos valores de cidadania, convivência e solidariedade. A socialização deve ser resolvida pela sociedade civil, na qual se cria a cidadania, os direitos humanos e se torna concreto o contrato social.

3 O PAPEL DO TERCEIRO SETOR EM SOCIEDADES DE BAIXA PARTICIPAÇÃO (QUATRO TESES PARA DISCUSSÃO)[6]

Tese 1

A visão-missão do Terceiro Setor em sociedades de baixa participação: contribuir para a construção do projeto de nação.

Uma sociedade se converte em nação à medida que é capaz de responder proativamente aos desafios que lhe apresenta a História. A construção de uma nação segue um processo similar ao da construção da personalidade humana: vai se configurando de acordo com a capacidade do indivíduo de dar respostas positivas (proativas) aos desafios que a vida lhe oferece.

Nos países de baixa participação (como é o caso dos latino-americanos), temos hoje dois grandes desafios:
➤ construir uma ordem de convivência democrática;
➤ converter-se em países altamente produtivos, sem pobreza interna.

Um dos grandes desafios do Terceiro Setor é encontrar um ponto orientador para o conjunto das múltiplas ações institucionais que executa: desde os processos de autodesenvolvimento nas associações de base (organizações comunitárias, empresas de autogestão etc.), passando pelas ações de acompanhamento e serviços (assistência, socorro, assessoria, treinamento, apoio financeiro etc.) até a representação em grêmios e coordenação interinstitucional.[7] Essa tese propõe como ponto orientador (visão-missão) a construção da democracia, a produtividade e a luta contra a pobreza. É o projeto de nação que pode dar sentido – local e nacional – às políticas e estratégias do Terceiro Setor.

O desenvolvimento dessa visão-missão requer um conjunto de delimitações que enunciam as teses seguintes.

Tese 2

> É função do Terceiro Setor, nos países de baixa participação, contribuir para a formação e o fortalecimento do comportamento de cidadania e da cultura democrática.

Todas as ações do Terceiro Setor são intervenções sociais: buscam modificar modos de pensar e/ou de atuar e/ou de sentir. Esse conjunto de alterações vai construindo uma pedagogia social ("paidéia"), que adapta culturas frente a mudanças, segundo o enfoque que tenha essa intervenção. Se é assistencialista, cria a dependência; se é autoritária, cria a baixa auto-estima; se é clientelista, cria uma cultura de adesão; se é democrática, cria cidadania e autonomia.

Toda intervenção social pressupõe um currículo e uma pedagogia. Ainda que a educação por si mesma não produza mudanças, nenhum processo de transformação ou intervenção social é possível sem um processo pedagógico e educativo.

É função do Terceiro Setor, no seu conjunto, construir formas de intervenção social-democráticas que convertam os atores sociais em sujeitos sociais, ou seja, cidadãos.

Aqui consideramos cidadão a pessoa capaz de construir, em cooperação com as outras, a ordem social em que viverá, a qual cumprirá e protegerá para dignidade de todos.

A máxima expressão da participação é a possibilidade de idealizar a ordem em que se quer viver: fundar para si mesmo (autofundar) as normas e leis a serem cumpridas para dignidade da população. A participação também significa poder tomar como próprias regras e normas que, existindo anteriormente, sejam aceitas favoravelmente ("refundação" da ordem social).

A liberdade e a autonomia supõem uma ordem, mas a única que produz a liberdade e a autonomia é a autofundada e reformada. Por isso, as regras de comportamento que determinamos para nós mesmos são as que melhor cumprimos e as que nos dão liberdade.

Segundo essa tese, é finalidade do Terceiro Setor fortalecer uma pedagogia social-democrática ("paidéia" democrática) mediante todas as intervenções sociais, desde as ações de autogestão de base até as ações de representação de grêmios e coordenação interinstitucional. Essa função requer selecionar métodos participativos de planificação, sistemas deliberantes de decisão e modelos de gestão com altos níveis de comunicação internos e externos.

Tomando a imagem de N. Lechner, compete ao Terceiro Setor conseguir, com as intervenções sociais, "passar de uma ordem recebida a uma produzida",[8] de uma ordem imposta a uma refundada e autofundada, ou seja, a uma ordem democrática.

Tese 3

> **Em uma sociedade de pequena participação, o Terceiro Setor deve contribuir para a reinstitucionalização do âmbito público a fim de aumentar a igualdade e fortalecer a governabilidade.**

Entendemos como público aquilo que agrada a todos de igual maneira para sua dignidade; e como governabilidade, a capacidade de uma sociedade resolver seus conflitos sem recorrer à violência, aplicando regras conhecidas publicamente.

Segundo D. North,[9] instituições são as

> regras do jogo de uma sociedade ou, mais formalmente, as limitações concebidas pelo homem, que dão forma às interações humanas. Por conseguinte, estruturam incentivos no intercâmbio humano, seja político, social, econômico, cultural. ...As instituições reduzem a incerteza pelo fato de proporcionarem uma estrutura à vida diária. ...Constituem um guia, de modo que, quando tenhamos que saudar os amigos. ...Pedir dinheiro emprestado. ...Enterrar os mortos. ...Saibamos como realizar tais atividades. ...As instituições definem e delimitam o conjunto de opções dos indivíduos.

Com essas três definições, podemos ampliar a tese enunciada.

Um dos indicadores de exclusão e de baixa participação nas nossas sociedades é o precário controle e a compreensão que os setores populares têm das instituições públicas. Uma das razões para essa compreensão e controle insatisfatórios tem raízes históricas. Na América hispânica e na lusitana, as instituições não surgiram de propósitos e necessidades da sociedade civil. Foram trazidas ou impostas "de fora", sem a participação ativa dos que seriam por elas afetados, e desconhecendo, em muitas ocasiões, a institucionalidade indígena e mestiça existente.

Esse fenômeno histórico separou e distanciou a sociedade (especialmente os setores populares) da institucionalidade pública. Essa separação entre a sociedade e as instituições públicas facilita a corrupção administrativa e política, dificulta a governabilidade e fragmenta a sociedade, porque torna mais difícil a busca de propósitos comuns.

A reinstitucionalização do "público" implica, para o setor popular, ter em conta vários critérios, a saber:
- vincular os propósitos da intervenção social aos propósitos públicos, buscando sempre fortalecer os propósitos de nação.
- fortalecer todas as formas de organização social e sua vinculação consciente e inteirada com as instituições públicas que lhe prestam serviços, apoio, informação ou supervisão.
- fortalecer todos os processos de informação pública que permitam à população entender, compreender, controlar e usar os serviços institucionais do Estado.

Ainda que a democracia parta do pressuposto de que todos temos interesses diferentes, é no público que podemos construir a igualdade e gozar de interesses compartilhados. Por isso, o Terceiro Setor deve evitar o "corporativismo" do setor público (que o setor público sirva somente a uma camada da sociedade).

Quando o setor público satisfaz de igual maneira a todos (ou seja, quando é realmente público), a sociedade ganha em igualdade e, assim, em governabilidade. Do contrário, contribui para a desigualdade e, em sentido rigoroso, não se poderia chamar serviço público. Isso é o que ocorre na educação e na saúde, em nossos países.

Fazer do setor público um bem de igual qualidade para todos é a forma de institucionalizar o Estado e uma das funções mais relevantes do Terceiro Setor.

Tese 4

> O Terceiro Setor contribui criando condições para possibilitar a democracia cultural; para que todos os diferentes sentidos e símbolos da diversidade social possam competir em igualdade de condições.

A maioria dos esforços do Terceiro Setor em nossos países orienta-se para o fortalecimento do poder dos setores populares, melhorando os níveis de vida, aumentando os investimentos, fomentando a participação etc.

Dessa perspectiva, uma das suas principais responsabilidades é tornar possível a competição cultural, ou seja, criar condições para que as diferentes formas de ver, produzir e entender o mundo dos setores populares possam circular e competir, em igualdade de condições, assim como circulam os sentidos e símbolos dos setores dominantes.

Uma das características da pobreza é a exclusão simbólica nos sistemas de comunicação. O Terceiro Setor deve, portanto, conseguir que as maneiras de ver, sentir, trabalhar e expressar-se dos setores minoritários ou pobres façam parte (em igualdade de condições) do universo simbólico que circula na sociedade.

A democratização cultural fomenta a auto-estima das comunidades e sua articulação ao projeto de nação. A diversidade cultural e a interação pública de todas as expressões são fatores para o desenvolvimento de um país. Por isso, os monopólios nas indústrias cultural e de comunicações são vistos, internacionalmente, com reserva e, em muitos países, são considerados ilegais.[10]

Em síntese, é função do Terceiro Setor contribuir para a construção de um estado social de direito, orientando seus esforços e propósitos a fim de viabilizar os direitos humanos, cuidar e proteger a vida. Esse é o projeto ético que pode proporcionar mais transparência ao Terceiro Setor do século XXI.

4 Transformar as elites em classe dirigente[11]

4.1 As elites como classe dirigente ou as elites como classe dominante

De acordo com W. Mills (1959), as elites são o conjunto de líderes políticos, sociais, econômicos ou militares que governam uma sociedade. Hoje, poderíamos agregar a elas os líderes de opinião, artistas, esportistas e os líderes religiosos. Sua importância se deve à capacidade que possuem de criar e transformar os modos de pensar, sentir e agir. Podem estabelecer ou modificar formas de transação política, econômica e social.

Quando as elites exercem influência intelectual e moral a favor do bem comum (da dignidade de todos), convertem-se em classe dirigente e propiciam governabilidade. Quando privatizam o público, corporativizam a lei, o poder e o Estado para favorecer seus interesses, convertem-se em classe dominante e excludente.

A tarefa de fundo das elites que querem ser classe dirigente é colocar o Estado e a política a serviço da nação e a cidadania a serviço dos interesses nacionais, da maioria da população trabalhadora e dos mais fracos; situar a economia a serviço dos seres humanos; e impulsionar o crescimento econômico com igualdade (sem pobreza interna). Isso implica a solução política para o conflito armado, o "replanejamento" das instituições, a redistribuição do poder político, a democratização da vida nacional e a viabilização econômica do país.

Considerando o amplo trabalho em educação política, organização e participação que está sendo realizado por ONGs, sindicatos, educadores, igrejas etc., pode-se dizer que existe uma grande oportunidade de transformar as elites em classe dirigente. A sociedade demanda o envolvimento de suas elites na construção do estado social de direito.[12]

4.2 A estratégia

O êxito de um meio de comunicação (*rating*, venda, alcance etc.) está na sua capacidade de refletir e interpretar a consciência. Valorizamos aquilo que nos reflete, seja porque organiza o nosso caos, dá significado ao que somos ou redimensiona, de pronto, sentidos e razões latentes. Disso decorre o poder do roteirista, do editor, do intérprete, do artista, do produtor, do pintor, do poeta etc.

Em um jornal, essa possibilidade está nas mãos do diretor editorial, dos editores e dos jornalistas. Deles depende a identificação e as interpretações que a sociedade espera. E qual é essa fonte de interpretação, essa cosmovisão que a sociedade quer construir?

A hipótese de resposta é esta: a sociedade espera sinais orientadores das elites – critérios, alternativas e um discurso que:

- devolva a fé às instituições;
- ofereça uma ordem na qual possa participar;
- ofereça transparência pública (ausência de corrupção);
- proporcione segurança e defesa em todos os seus aspectos (liberdade de pensamento, de circulação, de propriedade, segurança alimentar etc.);
- crie riqueza econômica, social e cultural.

Em poucas palavras, a sociedade quer cidadania real e uma democracia moderna (que é diferente do liberalismo econômico).

Não se trata de fazer discurso sobre esses conteúdos. É necessário trabalhar com os editores na formação de uma cosmovisão democrática para que eles leiam a realidade cotidiana distintamente (em outros termos, formar uma nova epistemologia).

E para constituir essa cosmovisão, essa epistemologia, é preciso:

a) entender que a democracia não é um partido político, uma ciência ou uma religião. É uma maneira de ver o mundo (uma cosmovisão) e não pode ser dada por ninguém a uma sociedade; é como o amor, não pode ser comprado, imposto ou imitado; somente vivido e construído. Ela existe se toda a sociedade decide construí-la. Por ser uma cosmovisão, a democracia permeia tudo. Se uma sociedade decide pela democracia, aparecerão os casamentos democráticos, as empresas democráticas, os partidos democráticos, os líderes democráticos, a poesia, a pintura, a música que cantam a democracia;

b) entender que a força ou a fraqueza de uma democracia depende da personalidade do cidadão. Entende-se por cidadão: "a pessoa que é capaz de criar ou transformar, em cooperação com outros, a ordem social na qual a população quer viver e a qual pretende cumprir e proteger para a dignidade de todos". Dignidade como fazer possíveis os direitos humanos;

c) entender que a democracia tem princípios básicos para interpretar a realidade social, política e cultural[13] porque, como uma cosmovisão, não tem normas nem leis.

Aprofundados e assimilados esses princípios da democracia, inicia-se, então, o processo editorial e jornalístico de ler o fenômeno social pela ótica da cosmovisão democrática. Isso significa um trabalho contínuo de desconstrução (desmonte organizado) e reconstrução de novas formas de comunicação para elites e sociedade.

5 O LÍDER SOCIAL: CONSTRUINDO UMA SEGUNDA OPORTUNIDADE SOBRE A TERRA E UM ELOGIO DA DIFICULDADE[14]

> ...Que nos inspire um novo modo de pensar e nos incite a descobrir quem somos em uma sociedade que queira mais a si mesma. Que aproveite ao máximo nossa criatividade inesgotável e conceba uma ética – e talvez uma estética – para nosso afã desaforado e legítimo da superação pessoal.
> ...Que canalize para a vida a imensa energia criadora que durante séculos desperdiçamos na depredação e na violência e nos abra no final a segunda oportunidade sobre a terra...[15]

Este texto é uma homenagem aos líderes sociais e dirigido a todas as pessoas que, diariamente, baseando-se em seu campo de atuação, procuram criar bens coletivos: bens ou serviços destinados à satisfação das necessidades comuns que permitem a vida digna de todos.

A liderança se define aqui como a capacidade que tem uma pessoa ou um grupo de oferecer soluções éticas e viáveis a problemas coletivos (políticos, econômicos, sociais e culturais). O que converte a pessoa em líder e em cidadão é a aptidão de construir o público, o que convém a todos de igual maneira para sua dignidade.

Todo líder é criador de esperança (não de ilusões); sabe que a grandeza (ou a miséria) e a ética (ou a corrupção) não são resultados do destino, da sorte ou azar, mas daquilo que nós mesmos construímos. Por isso, sempre podemos modificar ou melhorar a sociedade em que vivemos, se o fazemos coletivamente.

Construir bens coletivos, esperança em meio à violência e à corrupção, é uma tarefa difícil. Mas ser líder é difícil. Todo líder ético é um "elogio da dificuldade", como disse o professor Estanislao Zuleta.

O líder ético e democrático não parte do pressuposto de que todos os seres humanos são iguais. Sabe que são diferentes, porque cada um (incluindo ele próprio) tem interesses e sonhos distintos. Por isso, ama e não teme a diversidade nem a oposição.

Para ele, não existem inimigos, existem opositores: pessoas que pensam diferente, "desejam diferente"; mas se mostram capazes de construir uma unidade por meio do debate e da participação.

Não teme a complexidade das relações sociais. Sabe que o acordo e a convergência de interesses até a conquista das metas coletivas constitui um trabalho árduo, mas desejável e satisfatório. Por isso, é perseverante.

Zenshin é uma palavra japonesa que denota avanço gradual e desenvolvimento contínuo para o melhor, partindo do zero.[16] Talvez essa palavra sintetize o sentido profundo do trabalho dos líderes sociais e comunitários. É assim que eles estão contribuindo para criar uma segunda oportunidade para a nossa sociedade.

NOTAS

1. Este texto foi apresentado como sugestão de pontos para uma discussão sobre o enfoque da Intervenção Social da Fundação Social, em Bogotá, em maio de 1992.
2. Aranguren, José Luis. *Ética y política*. Madrid: Orbis, 1985; Lechner, Norbert (ED.). *Estado y política en América Latina*. 4.ed. México: Siglo XXI, 1986; Zermeño, Sergio. *Las fracturas del Estado en América Latina*. In: *Estado y política...* op.cit.; Landi, Oscar. Sobre lenguajes, identidades y ciudadanias políticas. In: *Estado y política...*op.cit.; Graciarena, Jorge. El Estado latinoamericano en perspectiva. In: *Perfiles liberales*. Bogotá: Ano 5, n. 25, 1991.; Brunner, José Joaquin. Modernidad cultural em América Latina. In: *Perfiles liberales*, op. cit.; Bejarano, Ana Maria. Democracia y sociedad civil: uma visión teórica. In: *Análisis político*. Bogotá: n.15, 1992.
3. N.O.: Para Ana Maria Bejarano, conforme seu artigo Democracia y sociedad civil: uma vision teórica, publicado na revista Analisis Político, n. 15, "uma sociedade civil forte é aquela composta por uma multiplicidade de associações pluralistas, autônomas e capazes (auto-suficientes) de formular seus próprios interesses, independente ou contrária à vontade de interesses estatais divergentes". Nesse contexto, o cidadão é o homem "capaz de transformar o mundo e consciente dessa capacidade", que não se forma no vazio, mas se compromete com associações concebidas "não só em função do bem-estar do indivíduo (posto que ensinam como se converter em cidadãos), mas, sobretudo, em função do bem-estar da sociedade como um todo".
4. Texto baseado em conferência realizada no IV Encontro Ibero-Americano do Terceiro Setor em Buenos Aires, set. 1998.
5. N.A.: Comum, no sentido de que se sente parte de algo comum.

6. N.O.: Esse texto é fruto de apresentação feita no III Encontro Ibero-Americano do Terceiro Setor, realizado em setembro de 1996, no Rio de Janeiro. Foi publicado em português no livro *Terceiro Setor – Desenvolvimento social sustentado*, coletânea de textos do referido encontro, organizada por Evelyn Yochpe e editada pelo Gife.
7. VARGAS, Herman; TORO, Jose Bernardo; RODRIGUEZ, Martha C. *Acerca de la naturaleza y evolución de las Organizaciones No-Gubernamentales en Colômbia*. Bogotá: Fundación Social, 1992.
8. LECHNER, Norbert. *Los pátios interiores de la democracia*. México: Siglo XXI, 1992.
9. NORTH, Douglas. *Instituciones, cambio institucional y desempeño económico*. México: Fondo de Cultura Económica, 1993.
10. GARCIA CANCLINI, Nestor. *Consumidores y ciudadanos*. México: Grijalba, 1995.
11. N.O.: Texto elaborado pelo autor como notas para uma discussão sobre a responsabilidade social da casa editorial El Tiempo com o jornal El Tiempo. Bogotá, julho de 1999. Segundo o autor, "durante esse século, El Tiempo se constituiu em orientador político e social das elites liberais e não- liberais. 'É o plebiscito diário', como foi qualificado. É um poderoso instrumento que tem a capacidade de criar consenso e dissenso no país. Em outras palavras, El Tiempo tem uma grande capacidade de criar, transformar e distribuir sentidos políticos e sociais na elite colombiana". Daí a proposta do autor de fazer do El Tiempo um instrumento para transformar as elites colombianas em classes dirigentes.
12. Ver Nota 4 do texto *O projeto de nação e o cidadão*. p. 43
13. Ver o texto *Os princípios básicos da democracia*. p. 24
14. Apresentado inicialmente como Introdução do texto *El ciudadano y su papel en la construcción de lo social*. Alcaldia Mayor de Bogotá – Universidad Javeriana.
15. GARCIA MÁRQUEZ, Gabriel. *Por um país al alcance de los niños. Proclama*. In: *Misión de ciencia, educacion y desarrollo*. Tomo I. Bogotá: Presidencia de la Republica – Colciencias, 1997.
16. VILLAMIZAR, A. Rodrigo; MONDRAGÓN, Juan Carlos. *Zenshin: lecciones de los países del Asia – Pacífico en tecnologia, productinidade y competitividad*. Bogotá: Editorial Norma S.A., 1995, p. 9-10.

As tecnologias
Ação e intervenção social

Nesta última parte do livro são apresentados textos sobre a intervenção social, que, segundo Jose Bernardo Toro, é toda interferência que pretende mudar o modo de sentir, agir e decidir da sociedade ou de parte dela. Diversos programas, projetos ou ações são, na verdade, intervenção social. Entendidos dessa forma, demandam cuidados e critérios que contribuem para o seu êxito.

1 A construção do público com base na sociedade civil como propósito da intervenção social[1]

1. Em 1815, Simon Bolívar, exilado na Jamaica, escreveu ao Duque de Manchester sobre o que ele considerava os quatro problemas das sociedades desmembradas do império espanhol:[2]

➤ a duvidosa viabilidade de sociedades sem cidadãos;
➤ o círculo vicioso de ter que manter a ordem por meio do paternalismo político;
➤ a precariedade do consenso e a ilegitimidade das elites;
➤ o conservadorismo inevitável de uma sociedade civil sem bases populares.

Hoje, como há 180 anos, esses problemas permanecem sem solução e todos estão relacionados com a mesma questão: a construção do "público". A edificação da cidadania, de uma ordem social autofundada, a existência de consensos coletivos estáveis, que facilitem a globalidade, e a participação ativa dos setores populares, fazendo competir seus interesses, são o resultado da construção do público tomando-se por base a sociedade civil.

2. Entende-se por construção do público o estabelecimento do que satisfaz a todos, como resultado de uma racionalidade genuinamente coletiva. Um dos problemas de nossas sociedades reside no fato de que "o coletivo não se rege por uma racionalidade coletiva, mas pelo cruzamento aleatório de racionalidades privadas ou semipúblicas".[3]
3. A democracia é uma ordem autofundada, construída, na qual as leis, as normas e as instituições são criadas pelas mesmas pessoas que as vão cumprir e proteger. E a autofundação da democracia supõe que é a sociedade civil quem constrói o "público". A força das instituições públicas e das leis que regem as relações da sociedade depende de que ambas reflitam o interesse dos cidadãos. Quando a sociedade civil se organiza – quando os indivíduos se constituem sujeitos sociais – busca que o "público" (o que convém a todos) surja da deliberação e da participação de todos, que reflita a comunidade e a sociedade civil. Se isso ocorre, consideram seus interesses representados no "todo geral", o Estado, e a ação pública é apoiada pela sociedade e se torna transparente.
4. Se o "público" não reflete e não representa os interesses da população (desconhece ou exclui os diferentes setores da sociedade), ele se distancia dela, e as instituições públicas perdem credibilidade e autoridade. A governabilidade de uma sociedade provém da capacidade que tenham as instituições de refletir os interesses contraditórios de todas as esferas sociais. A força do Estado surge de sua capacidade de reflexão do todo. Quando reflete só uma parte (e, portanto, é excludente), o Estado é frágil.
5. A democracia presume a presença do conflito de interesses entre os diferentes setores, mas pressupõe que esses conflitos serão superados mediante a deliberação, a participação, a negociação e o consenso transparentes, para alcançar benefícios comuns que se expressam em forma de programas, leis e instituições que obrigam e servem a todos (o público).
6. Para enfrentar os problemas enunciados por Simon Bolívar, da Jamaica, deve-se trabalhar:

➤ para formar cidadãos, quer dizer, pessoas capazes de criar e fundar com outros a ordem social desejável para todos. E se empenhar para gerar espaços em que a cidadania se exerça. O paternalismo político só é superável por meio de uma sociedade que tenha a possibilidade de construir suas instituições políticas, com base na sociedade civil. Isso significa passar de uma lógica social de adesão ao poder a uma lógica de deliberação e competição de interesses que, por meio do consenso e de acordos, define o que convém a todos. É assim que se constroem uma ordem democrática estável e o consenso legítimo.

➤ fortalecer o tecido social criando e desenvolvendo as organizações dos setores populares para que eles possam fazer competir seus interesses em igualdade de condições e dentro de regras iguais para todos.

Alexis De Tocqueville atribui o desenvolvimento dos EUA à capacidade que a sociedade norte-americana tem de se associar, se organizar. Segundo ele, este é o saber mestre de todos os saberes sociais.[4]

2 A CONCERTAÇÃO SOCIAL COMO MEIO PARA CRIAR UMA GOVERNABILIDADE DEMOCRÁTICA[5]

A governabilidade democrática, entendida como a orientação e a administração pública do consenso coletivo, construído na deliberação, é um dos propósitos fundamentais a serem desenvolvidos na América Latina.

Historicamente, confundimos o consenso coletivo com as tréguas sociais, políticas e econômicas. Os sinais dos tempos atuais indicam que devemos passar das tréguas a consensos, a coletivos cimentados, em três fatores: a construção de uma democracia moderna, o desenvolvimento e a competitividade sem detrimento de nossa identidade cultural e um compromisso explícito de atacar as causas estruturais da pobreza.

Se quisermos fazer uma sociedade sólida, esses três itens — democracia, desenvolvimento e justiça social — não podem ser separados na anuência coletiva. A História nos mostra que o esquecimento de um deles é sempre fatal: o desenvolvimento sem democracia ou a democracia sem desenvolvimento ou sem justiça social são miragens já conhecidas.

Converter esses três fatores em realidade histórica constitui nosso projeto de nação. Nós nos tornaremos nações significativas à medida que respondermos simultaneamente a esse desafio triplo.

A viabilidade de construir esse projeto de nação em meio à diversidade cultural e de interesses requer desenvolver e fortalecer a concertação social como cultura válida.

Define-se a concertação social como a seleção de um interesse compartilhado que, ao ser colocado fora de cada um de nós, orienta e compromete todos aqueles que o selecionaram. Esse interesse selecionado com o qual nos comprometemos recebe vários nomes: propósito, meta, acordo coletivo, pacto, contrato etc.; e quando é uma concertação de uma sociedade inteira o chamamos constituição.

A concertação social implica o reconhecimento público da existência dos diferentes atores sociais como parte constitutiva do consenso coletivo. Isso, em termos práticos, quer dizer:

- aprender a concertar a ordem social, econômica e política com os opositores;
- criar espaços para a deliberação pública que permitam visibilidade social aos diferentes interesses em competição;
- ter a deliberação como instrumento fundamental para a construção do coletivo (em oposição às estratégias de adesão);
- aceitar que o desenvolvimento deve envolver os pobres ativa e produtivamente;
- mas, sobretudo, aceitar que a pobreza não é o resultado de uma fatalidade, mas de decisões que tomamos no passado e, por isso, podemos modificar os fatores que a produzem.

3 Aprender a administrar e atuar em rede: um desafio para as Ongs e todas as organizações da sociedade civil (Oscs)[6]

Uma rede de instituições existe quando se estabelece um sistema de instituições interdependentes, isto é, quando nenhum dos membros tem a capacidade de alcançar sozinho seus objetivos, e a rede deve ser mantida como uma instituição viável para que cada organização possa cumprir as metas e, assim, alcançar os propósitos coletivos.

Em termos práticos, uma rede existe quando cada ator ou um de seus membros se preocupa em contribuir para que os outros atores alcancem seus intentos, porque só assim ele também alcançará os dele.

Assim, administrar uma rede significa gerenciar um sistema de organizações sociais ou atores sociais interdependentes; comandar um jogo de interesses, o que envolve construir relações e estabelecer áreas de confiança e respeito mútuo para conseguir que as transações e negociações sejam econômicas e transparentes.

Algumas redes são temporais e se sustentam em projetos combinados e programados: metas a alcançar em um tempo determinado, depois do qual a rede se desfaz ou é redefinida para alcançar novos alvos. Outras são permanentes e funcionais por estarem vinculadas a problemas contínuos (emprego, meio ambiente, prevenção de doenças etc.).

A administração de redes exige uma visão estratégica que permita avançar, pouco a pouco, com todo o conjunto para gerar uma ética e uma estrutura de coesão orientadas para a execução global.

É necessário considerar certas características da gestão em rede:

a) as metas globais da rede devem ser de benefício coletivo; e estar orientadas para beneficiar a sociedade como um todo. A força social das ONGs e/ou OSCs provém da capacidade de posicionar os objetivos fora delas mesmas. Não é possível (ou muito difícil) criar uma rede de organizações na qual cada um define apenas metas internas.

b) a administração de uma rede está ligada a gerar um movimento. Para alcançar os propósitos externos de cada membro e do conjunto, é necessário mobilizar as ONGs e as OSCs para alcançar as metas comuns à sociedade. Aqui se entende por mobilização a convocação de vontades e/ou decisões institucionais para o alcance de finalidades comuns e compartilhadas publicamente.

c) as metas de cada membro da rede devem ser significativas dentro do conjunto, podendo cada um avaliar o significado das metas do outro dentro desse mesmo conjunto;

d) em muitas ocasiões, para alcançar fins globais sustentáveis, é necessária a participação ativa no contexto de organizações mais fracas. Aqui, a administração requer a criação de condições para que as intenções das organizações mais fracas e do conjunto possam ser alcançadas, fortalecendo a formação de líderes, os níveis de negociação de seus interesses, a capacidade de usar informação do ambiente, sua relação com atores estratégicos etc.

Em síntese, a administração em rede procura alcançar os alvos, mas, sobretudo, criar um ambiente estável no qual eles possam ser alcançados.

4 Do Desenvolvimento Integral Localizado (DIL) à complexidade social[7]

4.1 A vizinhança, o lugar onde ocorre a complexidade social

Uma boa forma de introduzir este tema é transcrever partes de um texto de David Alba.[8] O desenvolvimento integral localizado é uma tentativa de causar um impacto sobre a vida em seu conjunto.

Vivemos atualmente em sociedades cada vez mais complexas, isto é, cada vez mais estratificadas e especializadas, mas, ao mesmo tempo, inter-relacionadas como em um sistema. Isso quer dizer que ou se impacta integralmente ou não se impacta profundamente. Devemos causar impacto nos lugares onde a vida acontece em todos os seus aspectos. Por exemplo, resolver a manifestação econômica da pobreza não significa que os seus demais aspectos se solucionem mecanicamente.

Isso nos leva a dizer que, se quisermos verdadeiramente elevar a qualidade de vida ou diminuir a pobreza, temos que atuar sobre a complexidade social. Mas, então, surge a pergunta: qual deve ser a nossa unidade de intervenção?

Vamos começar pelo mais óbvio, que, talvez por este mesmo caráter, facilmente não é levado em conta. As pessoas vivem em algum lugar e tendem a viver naturalmente juntas. Isso nos faz pensar em um recinto mais ou menos delimitado. Mesmo a menor cidade divide seus habitantes e suas casas em grupos.

Podemos chamar a esses bairros ou grupos de bairros ou simplesmente um conjunto de ruas de vizinhança, entendida como aquele espaço onde as pessoas conseguem mais familiaridade social e geográfica, e podem compartilhar uma história. Onde se vivem processos econômicos, políticos e sociais. Enfim, é aquele ambiente que encerra a maior complexidade social de um grupo de pessoas, o lugar em que vivem as suas vidas.

"A vizinhança é a forma na qual as pessoas viveram historicamente" (D. Morris; K. Heiss). (...)Ali ocorrem o cultural, social, econômico, político, ambiental e emocional da vida e é onde se deve atuar sobre eles. Sem dúvida, a vizinhança faz parte de um cenário, sendo afetada por ele. É necessário intervir nesse cenário, tendo como ponto de partida o bairro.

(...)Nesse tipo de espaço ocorre mais participação. Esse fato muda a característica da política: não importa somente como fazer política, mas também onde fazê-la. E mais, afeta profundamente o como: passar de processos representativos abstratos e contaminados para processos diretos e mais claros. Quando a política desce das grandes instâncias até onde vivem as pessoas, a participação se torna real, direta sobre os assuntos que mais imediatamente atingem a população. "A política deve estar onde vivem as pessoas" (Morris e Heiss), uma vez que quem melhor pode representar os interesses de um ser é o próprio ser.

Um lugar no qual se desenvolve um processo de desenvolvimento integral localizado é uma espécie de "amostra" que sintetiza a complexidade social e que permitirá encontrar um "modelo" (replicabilidade) de como afetar complexidades de populações pobres. Atualmente, operamos sobre a complexidade social, mas de maneira "descomplexizada", ou seja, sobre todos os elementos da complexidade social, mas tomados separadamente. Desse modo, não aproveitamos as mútuas inter-relações que mantêm e, nossos impactos, ainda que positivos, não são somáveis.

Essa reflexão de David Alba resume a maior parte dos elementos contemplados nas teses que se seguem.

4.2 As teses: Intervenção Social, Desenvolvimento Integral e Gestão Social

O ideal de uma tese é que não precise de explicação, que ela, por si mesma, seja fonte de hipótese, análise e refutações. Por isso, cada tese vai seguida de uma simples argumentação.

Tese 1 (Tese básica)

A intervenção social que qualquer instituição realiza se enquadra no projeto de nação: construir um estado social de direito. Esta intervenção não é um projeto paralelo ao da sociedade.

O eixo da intervenção social realizada por uma instituição fica fora dela mesma. A missão, os instrumentos e a identidade em seu conjunto estão orientados por sua natureza, para que as pessoas das comunidades pobres se convertam em sujeitos autônomos e se insiram eficientemente na vida do país. Em outros termos, a intervenção social procura criar condições reais e estáveis para possibilitar os Direitos Humanos e a vida digna a todos. Isso é o que significa um estado social de direito, como propõe a Constituição Política da Colômbia em seu artigo primeiro.[9] Contribuímos para esse projeto, não somos um projeto paralelo ao projeto de nação.

Tese 2

As prioridades delimitam e marcam os campos dos resultados no espaço e no tempo, mas "não negam nem a amplitude do projeto social nem as estratégias de longo prazo".

A definição de prioridades institucionais para a intervenção social é um instrumento metodológico que permite ir delimitando no tempo os campos de atuação para alcançar, com o máximo de eficiência e eficácia, o objetivo final. As variáveis-chave são o tempo e a busca pela eficiência e eficácia.[10]

Toda delimitação acarreta uma direção. Somente o rumo, a orientação gradual, permite alcançar resultados. Por isso, existe a hipótese nula na pesquisa e a unicidade da pessoa, que a faz sujeito de direitos inalienáveis. A delimitação, o rumo selecionado no tempo e no espaço, permite o que os japoneses chamam *Zenshin*"[11] (*zen*: avanço gradual até o melhor e *shin*: desenvolvimento contínuo), É a melhoria contínua partindo do estado em que se está. *Zenshin* é a essência de uma atitude que transfere o melhor dos outros e de si mesmo para fazê-lo próprio, transformando-se em cotidiano para converter-se em parte da nossa própria realidade. É essa apropriação pessoal e institucional do melhor o que nos permite nos projetar a longo prazo e em grande escala.

Tese 3

As prioridades institucionais convertem a intervenção em uma intercessão:[12] a instituição renuncia a atuar sobre a sociedade como uma totalidade e seleciona um conjunto de resultados que, na sua opinião, considera estratégicos para afetar o conjunto social.

Sabe-se que não existe uma teoria geral da realidade que nos permita assegurar o resultado de nossas ações ou decisões sobre a sociedade. Esse saber produz a incerteza, porque não existe um modelo ideal de sociedade que possamos imitar ou copiar. Cada comunidade tem que construir, a cada dia, o modelo que deseja, guiada pelo norte ético dos Direitos Humanos e pela dignidade da vida humana. Hoje, é sabido e aceita-se que não é possível atuar sobre todos os fatores sociais para construir a sociedade desejada: mas isso não impede que as instituições possam, orientadas pelo norte ético, selecionar um conjunto de resultados que utiliza para interagir com outros resultados (escolhidos por outros atores) a favor da sociedade desejada. A intervenção global de uma sociedade é formada por múltiplas intercessões colocadas em jogo e, nem todas, com o mesmo norte ético.

Tese 4

> A unidade de intervenção, em um processo de desenvolvimento integral localizado, é um "ordenador" da intervenção social: é um lugar no qual se estabelece e se compreende o modo e as relações das variáveis que se tem que construir, fortalecer, mobilizar ou mitigar para operar de maneira efetiva todos os instrumentos institucionais que permitirão alcançar os objetivos sociais propostos.

À luz das colocações de Gell-Mam[13] e Piaget,[14] define-se um "ordenador" social como uma estrutura complexa que nos deixa identificar um conjunto de regularidades entre um grupo de elementos até conseguirmos formar um esquema conceitual que permita resolver e prognosticar problemas com certo grau de segurança nessa estrutura intricada e em outras similares. As regularidades descobertas são as associações, semelhanças, diferenças, subordinações, relações etc. entre pessoas, instituições, interesses, decisões, expressões e objetos.

A unidade de intervenção é, também, um organismo complexo que deve ser selecionado com o critério de Boisier:[15]

> a busca não aponta para determinar quão grande deve ser uma região, mas, pelo contrário, o que interessa é determinar o território organizado de menor tamanho que simultaneamente apresente uma elevada complexidade estrutural.

Tese 5

Um processo de desenvolvimento integral, para atuar como fator ordenador e demonstrativo da intervenção, deve ser concebido como um projeto-piloto: ser planejado sobre variáveis padronizadas, gerar critérios de replicabilidade, transferência e poder ser ampliado para diferentes escalas.

Um processo de desenvolvimento integral localizado não é um projeto de nível micro, nem singular. É um projeto generalizante, delimitado em níveis observáveis para poder compreender, analisar e monitorar o comportamento (observar regularidades) de um conjunto de variáveis generalizáveis (variáveis-padrão) que nos permitam compreender um fenômeno.

É um plano que admite a compreensão da lógica da pobreza, da vida, do potencial e do saber dos pobres; a forma como eles produzem e reproduzem o mundo e seus sentidos; para reconstruirmos, juntos, formas de vida digna para todos, em diferentes lugares (replicabilidade e transferência) e em grande escala (expansibilidade).

Tornar isso possível requer planejamentos rigorosos, construídos coletivamente com diálogo de saberes tradicionais e acadêmicos.

Tese 6

O domínio de uma variável macro é alcançado quando é possível compreender e estruturar seu efeito localizado. Por isso, um projeto de desenvolvimento integral localizado se concebe como um ordenador e um fator de compreensão das variáveis macro e/ou externas à sua unidade de intervenção.

Tanto uma variável como uma ação macro são aquelas que têm a capacidade de afetar ou modificar outro conjunto de ações ou variáveis que lhe estão subordinadas de alguma maneira. Poder identificar uma variável macro não significa que conhecemos sua estrutura e seu comportamento ou o modo como alcança um determinado efeito (caso do cérebro).

Um projeto de desenvolvimento integral localizado deve ser fator de compreensão e domínio da forma como as ações macro "convergem" para gerar a pobreza localizada; e é um espaço para provar hipóteses de como controlar a estrutura dessas variáveis para modificar seus efeitos. Como disse Prigogine,[16] "não existe um problema de maior relevância que a relação global entre indivíduo e sociedade. (...)Tudo que um membro da sociedade faz repercute no conjunto do sistema social". A ação dos pobres pode modificar o conjunto da sociedade!

Tese 7

> Os resultados de um projeto de desenvolvimento integral localizado estão relacionados com sua capacidade de transformar a pobreza em cidadania: construir pessoas capazes de autofundar e "refundar", com outros, uma ordem social na qual a dignidade seja possível para todos.

Os projetos de desenvolvimento integral localizado apresentam-se como instrumentos promissores para compreender e transformar os sistemas tradicionais que os pobres têm para criar e fundar uma ordem social e, assim, enriquecer o nosso conjunto de instituições.

Talvez eles tenham um conceito de público que nos admita encontrar caminhos para superar a cisão e a distância que existe entre o público e o privado.

A ordem social não é natural, é criada por nós; por isso, podemos mudá-la. Como será uma nova ordem social construída com os pobres? Com sua memória, sua cultura e todas as demais "culturas" da sociedade?

Tese 8

> Gerir um projeto de desenvolvimento integral significa aprender a "gerenciar" em rede, entendendo esta como a vinculação de um variado número de organizações e/ou indivíduos dentro de um todo, com jogo de interesses, e no qual não é possível alcançar os próprios objetivos sem o alcance dos objetivos dos outros.

Almejar que os pobres se tornem atores sociais com poder supõe que as organizações fundadas ou refundadas pelos pobres possam fazer competir seus interesses frente a outro conjunto de atores interessados em suas próprias metas. Ressalvadas as interdependências na organização social, geralmente, a conquista dos próprios objetivos não é possível sem a conquista dos objetivos de outros atores. Nesse caso, a gestão de um projeto de desenvolvimento integral presume a gerência de um sistema de organizações independentes.[17]

O conjunto de metas interdependentes gera uma rede, a qual deve ser administrada como um movimento para alcançar as próprias metas. Isso exige uma forma de gerir capaz de construir relações e estabelecer áreas de confiança e respeito mútuo. Algumas dessas redes são temporárias e se sustentam em projetos "concertados".[18] Outras são permanentes e funcionais por estarem vinculadas a um mesmo problema (como o emprego). Esse tipo de gerência requer uma gestão de visão de conjunto estratégico que admita avançar pouco a pouco com todo o grupo para engendrar uma ética conjunta e uma estrutura de coesão para a execução global.

Tese 9

A gestão social em um projeto de desenvolvimento integral não é tanto cumprir as metas, mas, sim, criar um ambiente estável no qual elas possam ser cumpridas.

De acordo com Mandell, um sistema de instituições interdependentes se constitui porque seus membros não têm a capacidade de alcançar seus propósitos por si só, e a rede deve ser mantida como entidade viável para que se cumpram as metas de cada ator. Quanto mais vital é a participação de um ator, mais ele adquire poder na rede. Nesse cenário complexo, as organizações populares são geralmente mais fracas.

A gestão social, em tal cenário, pressupõe criar condições para que as metas das organizações populares e as do conjunto possam ser alcançadas, fortalecendo a formação dos líderes populares, melhorando seus níveis de negociação e sua capacidade de manejar informação do ambiente, fortalecendo as relações com "decisores" estratégicos.

Esse tipo de gestão é similar à de um produtor geral no cinema ou na televisão; ele sozinho não alcança o resultado (filme ou série). Cada um dos diferentes diretores (arte, som, produtor executivo, diretor geral etc.) procura fazer prevalecer seus propósitos, mas ninguém os alcança sem os outros. Em um enfoque de intervenção promocional, o gestor social não pode atingir, sozinho, as metas das organizações (são elas que devem fazê-lo), mas, seu principal "resultado" é parecido com o do produtor de cinema: propiciar condições estáveis para que todos possam obter seus alvos.

Tese 10

A gestão em rede de um projeto de desenvolvimento integral requer amplitude na formulação dos objetivos, mas, principalmente, clareza na missão e nos resultados esperados.

Em um cenário de organizações interdependentes, cada ator procura maximizar seus próprios objetivos, propondo à rede de organizações objetivos amplos que vão se tornando mais precisos no processo de negociação e de "concertação". Propor desde o início alvos muito exatos pode romper a rede. Para precisá-los, é necessário que se domine tanto a estrutura, como o processo de construir relações na rede.

Neste processo de negociação, os objetivos podem ser desvirtuados. Para evitar que isso aconteça, faz-se necessário ter sempre clareza sobre a missão institucional e sobre os resultados esperados do conjunto e da própria instituição.

Tese 11

Ainda que a unidade de intervenção de um projeto de desenvolvimento integral seja uma decisão focalizada, o foco não define o projeto.

A Cepal diz que

> focalizar consiste em concentrar os recursos disponíveis em uma população de potenciais beneficiários claramente identificados para, então, planejar o programa ou o projeto com o qual se pretende resolver um determinado problema ou atender uma necessidade, levando-se em consideração as características da população, a fim de elevar o impacto ou benefício potencial *per capita*. Implica, então, superar o enfoque homogêneo, igual para toda a população; que não considera suas diferenças e peculiaridades. Baseia-se na idéia da

segmentação do mercado e na conseqüente necessidade de responder a ela, elaborando uma oferta que seja adequada ao segmento que se quer alcançar.[19]

A seleção de zonas para implementar projetos integrais de desenvolvimento é um ato de foco da intervenção. E a delimitação da sua unidade é a definição de um foco ainda mais preciso. Mas, como foi enunciado nas teses anteriores, a unidade de intervenção representa muito mais do que uma população, alvo de uma intervenção: é um organizador institucional, um espaço de compreensão e domínio de macrovariáveis a ser transformado pelos pobres em um campo de cidadania. Além de elevar o impacto potencial *per capita*, deve se converter em um espaço de cidadania de sujeitos sociais.

Tese 12

> **Um projeto de desenvolvimento integral é um lugar de encontro e de diálogo produtivo entre o saber acadêmico e o saber popular, que permite aos pobres participar efetivamente da pesquisa, do desenvolvimento e da produção de sentidos.**

É fácil aceitar que os setores populares possuem e produzem conhecimento; o que tem sido difícil é aceitar que esse conhecimento é parte constitutiva do saber da sociedade e que tem tantas possibilidades e limitações como todos os outros. Saberes como a linguagem e os costumes à mesa são produzidos no mundo da vida cotidiana, e são tão importantes para a sociedade como os saberes acadêmicos. Como disse Annis Sheldon:[20]

> em questões econômicas, os pobres são tão racionais como os demais. Podem trazer conhecimentos que os técnicos e especialistas simplesmente não possuem. Os projetos dos pobres não têm proporção de fracasso mais elevada que os projetos de outro tipo. Para que crie capacidade e autonomia entre os pobres, é necessário que a gestão social tenha condições de combinar adequadamente o saber popular e o acadêmico. Assim, é preciso que os pobres possam identificar seu próprio saber para, então,

poder interagir proativamente com os saberes acadêmicos. Considerar a possibilidade de criar capacidade para o desenvolvimento, em um determinado grupo, significa aceitar a possibilidade de intervir sobre o saber social desse grupo.

Essa capacidade implica a noção de habilidade ou competência para utilizar ou desenvolver o próprio saber com autonomia e continuidade. A intervenção sobre o saber popular é um ponto que precisa ser muito analisado. As estratégias educativas sozinhas não solucionam esse problema. Algo similar poderia ser dito sobre a comunicação e a cultura: a intervenção supõe criar condições estáveis para que os pobres possam fazer circular e competir seus sentidos em igualdade de condições com os outros sentidos.

Tese 13

Um projeto integral de desenvolvimento, como organizador da intervenção social, é um fator que permite transformar o saber e a experiência pessoal dos profissionais de uma entidade em saber e experiência institucional. É um dos fatores de objetivação do nosso saber.[21]

Hoje nos encontramos em um mundo globalizado e, como disse García Canclini:[22]

> a globalização supõe uma interação funcional entre atividades econômicas e culturais dispersas; bens e serviços gerados por um sistema com muitos centros, no qual importa mais a velocidade para percorrer o mundo e menos as posições geográficas onde se atua.

Para que os pobres possam participar desse mundo, é imprescindível que eles se transformem em sujeitos sociais. Alcançar esse objetivo é uma tarefa que ultrapassa o saber e, talvez, o tempo pessoal dos que hoje realizam a intervenção. A transformação do trabalho em modelos, estratégias, instrumentos e conhecimentos institucionais pode fazer com que as possibilidades dos pobres se tornem mais viáveis. Os projetos de desenvolvimento integral são organizadores que permitem ir objetivando o conhecimento adquirido para que a instituição e seus empregados do futuro tenham mais "conhecimento" acumulado para enfrentar as causas estruturais da pobreza. Como disse Wittgenstein,[23] "só aquilo que construímos pode ser previsto".

5 A COMUNICAÇÃO E A MOBILIZAÇÃO SOCIAL NA CONSTRUÇÃO DO PÚBLICO[24]

5.1 Introdução

Como fazer com que uma reforma política, social ou econômica seja compreendida e apoiada pela sociedade? Como mobilizar setores da população para que se comprometam e participem da conquista de determinados propósitos coletivos, considerados úteis para o desenvolvimento? Como articular os interesses da administração pública com os interesses das comunidades locais? Estas e outras perguntas similares são parte dos questionamentos práticos contínuos dos políticos, administradores públicos e líderes democráticos.

Todo projeto, programa e reforma que envolvam a aceitação e o compromisso da vontade dos afetados (positiva ou negativamente) devem prestar atenção especial às estratégias comunicativas. Se a proposta de reforma ou o projeto não fazem sentido para os implicados, a implementação é muito difícil e a sustentabilidade duvidosa.

O êxito de uma proposta de transformação social ou política depende da qualidade de, ao menos, quatro fatores: projeto, planejamento, gestão e sentido.

A criação, a transformação e a difusão de sentidos e significados são tarefa da comunicação e da mobilização social.

O propósito deste documento é oferecer a políticos, administradores públicos e líderes sociais um modelo de comunicação e mobilização social, com um conjunto de critérios e compreensões que podem ser úteis para a orientação e a tomada de decisões nos processos comunicativos que os projetos de desenvolvimento e de reformas em nossos países exigem.

O modelo que se propõe aqui, como as compreensões e os critérios, foram desenvolvidos inicialmente entre 1986 e 1996 na Fundação Social (Colômbia), com a finalidade de mobilizar vinte mil escolas de educação básica (pública e privada) e seus educadores, para tomar um conjunto de decisões a fim de melhorar o rendimento educativo, introduzir os princípios básicos de convivência e fortalecer os códigos da modernidade no sistema educativo. Na segunda metade da década de 1990, o modelo foi aplicado com adaptações na Reforma Educativa do Estado de Minas Gerais, e pelo Instituto de Águas na mobilização da sociedade para o cuidado com a água. Na Colômbia, também foi utilizado em grandes processos de mobilização: no Plano de Incentivos aos Educadores e na reconstrução da Região Cafeeira, em decorrência do terremoto de janeiro de 1999.

5.2 A comunicação como competição de sentidos

Algumas teses sobre o papel da comunicação na sociedade.

5.2.1 Comunicação e sociedade

Tese 1

A comunicação é um fundamento da cultura democrática.

Se definirmos a democracia como a autofundação de um sistema no qual os diferentes atores e instituições podem fazer competir seus interesses em igualdade de condições, o enfoque geral da comunicação para a participação democrática deve estar orientado para garantir que os diversos setores façam concorrer seus interesses, suas mensagens e seus símbolos em igualdade de oportunidades dentro do universo de interesses, mensagens e símbolos que tramita na sociedade.

Tese 2

A comunicação existe com relação a um projeto de sociedade.

Se a comunicação é comunicaçâo de sentidos, não é possível desenvolver processos comunicativos sem um projeto. É o sentido do projeto (privado ou coletivo) que dá sentido à comunicação.

A comunicação não se define nem pelos meios pelos quais tramita nem por seu alcance ou cobertura. A comunicação do sentido de um projeto de sociedade pode ser feita de grandes meios ou de micromeios.

Também não se pode definir a comunicação pela forma como surge o sentido: ele pode ser construído de grandes ou pequenos grupos ou pode ser captado e emitido dentro do ambiente social por uma única pessoa que consiga sintetizar o sentido procurado pela sociedade.

Tese 3

A primeira função da comunicação é a auto-afirmação.

A auto-afirmação pode ser definida como a expressão de um sentido próprio, que se espera seja reconhecido e validado pelo outro. Permite ao meu sentido conviver e perdurar entre outros sentidos dentro do universo simbólico.

A auto-afirmação ocorre com a pessoa, grupo ou sociedade. O meio básico inicial da auto-afirmação é a conversação que sempre compromete.

Sob essa perspectiva, fortalecer e desenvolver espaços sociais de conversação (mercados, parques, teatros, congregações religiosas, eventos esportivos e culturais etc.) são estratégias fundamentais para melhorar os processos de comunicação de uma sociedade.

Tese 4

O saber social pode se tornar objetivo via meios de comunicação.

Poder colocar conhecimento e sentido em objetos é uma das grandes conquistas da humanidade. Isso é o que se entende por objetivação do saber.

O saber e o sentido social possuem duas maneiras de sobreviver: mediante transmissão oral ou formas objetivadas. Os meios básicos de objetivação do saber são a arquitetura, as ferramentas, a escultura, mas, sobretudo, a escrita (sabemos mais dos gregos do que de muitas sociedades americanas, porque os primeiros conheciam mais formas de objetivar seu saber). Atualmente, além da escrita, existem o cinema, o vídeo, a fita cassete, o CD, o DVD etc.

Para que os saberes e os sentidos de uma sociedade sobrevivam e interajam no universo simbólico dessa sociedade, os diferentes setores (sobretudo os excluídos) necessitam de oportunidades, processos e possibilidades de objetivação (a recuperação oral é o último recurso).

Tese 5

O sentido é compartilhado e expressado mediante formas e sistemas estáveis de produção cultural.

A expressão do sentido requer a existência ou o acesso a condições e formas de produção de sentidos. Os ateliês de pintura e escultura (como modo estável), os grupos de teatro, os espaços estabelecidos de conversação social, a existência estável de bibliotecas, as leis de defesa, o uso e interpretação do espaço público etc. são necessários para a produção cultural em uma sociedade.

Sistemas estáveis de produção cultural, em todos os níveis da sociedade, permitem evitar, por exemplo, que a expressão de alguns setores seja usada por outros como produto exótico ("folclorismo") ou que se acredite que a democratização da cultura consiste em difundir, entre os setores populares, os bens culturais da elite ("distribuicionismo" cultural).

Tese 6

A interação entre subculturas gera processos de comunicação nos quais é essencial o mútuo reconhecimento das diferenças.

Nos novos assentamentos urbanos (favelas, vilas, conjuntos habitacionais, cortiços etc.), a convivência das culturas que os mais velhos trazem é paradoxal. Ao imigrar, desenraizam-se e vivem incomunicáveis entre si e com uma nova cultura urbana que os jovens encarnam e que não é entendida pelos mais velhos.

As estratégias comunicativas podem contribuir para favorecer a interação cultural por intermédio de basicamente três processos:
➤ a criação de espaços de encontro para que as diferentes culturas possam se observar e se reconhecer sem competir (festivais, jornadas culturais, exposições etc.);

- o desenvolvimento de encontros e intercâmbios comunicativos intensos entre crianças de diferentes subculturas;
- a promoção de organizações juvenis.

Tese 7

Os meios de comunicação de massa permitem convocar a construção da sociedade.

A construção da sociedade necessita de MEIOS DE MASSA que devem servir para:
a) a convocação e mobilização de setores, grupos e comunidades para o apoio e/ou busca de objetivos e metas que promovam a eqüidade;
b) a coletivização de compreensões e atuações sociais que favoreçam a participação e a democracia;
c) a criação de condições para que se produza a expressão dos valores de setores minoritários (índios, imigrantes) ou de populações nacionais à margem nos meios de comunicação de massa (negros, mulheres pobres, camponeses etc.);
d) a elaboração simbólica de sentidos que provêm de setores minoritários para que possam competir com outros universos simbólicos da sociedade.

Tese 8

A informação técnica, científica e sistematizada é essencial para o desenvolvimento.

A informação sistematizada, codificada, acumulada e recuperável (bases e séries de dados, pesquisas etc.), é uma das fontes básicas para a tomada de decisões, planejamento e manejo prospectivo.

O desenvolvimento de habilidades de classificação e categorização, a criação de museus, arquivos em diferentes setores da sociedade, o treinamento para usar manuais e diretórios são importantes passos para criar o acesso e o domínio da informação sistematizada entre esses diferentes setores.

5.2.2 A comunicação e os setores populares

Tese 9

Os setores populares organizados são interlocutores sociais.

Os setores populares podem atuar como interlocutores válidos na sociedade. Isso significa que podem obter reconhecimento como criadores de sentido e fontes de mensagens válidas.

O grau de organização permite aos setores populares se reconhecerem como fonte de mensagens e perceberem que têm algo para comunicar publicamente; isto é, se entenderem como comunidade de sentido. Por isso, a comunicação inclusiva requer o fortalecimento das organizações locais e regionais.

Tese 10

A comunicação dos setores populares por meio de canais públicos produz efeitos sociais.

A comunicação íntima tem efeitos pessoais; a pública, em âmbito comunitário e/ou macro, tem efeitos sociais. Para sua auto-afirmação, os setores populares necessitam de canais que lhes autorizem, de forma contínua. Tornar públicas suas mensagens e intencionalidades para que elas tramitem no nível social.

Em conseqüência, é preciso ampliar a legitimidade de novos canais (rádios e TV comunitárias) e converter em legítimos os canais que foram restritos para o setor popular (como os grandes meios).

A conversação pessoal ou íntima gera auto-afirmação e consenso, mas carece do peso institucional para se tornar um bem social.

Tese 11

O desenvolvimento das tradições da língua é fundamental para os setores populares.

A língua tem três tradições: a fala, a escrita e a leitura. Uma não depende da outra para existir. É possível falar uma língua sem escrevê-la nem lê-la. É possível lê-la sem falá-la nem escrevê-la etc.

Todo adulto é um falante competente, transmite sentidos sem incertezas. Nos setores populares, sempre há fala competente, mas as tradições de leitura e escrita são escassas, mesmo nos casos em que se tem a habilidade de ler e escrever. A criação do hábito de leitura e escrita é um esforço necessário no desenvolvimento de processos de comunicação.

É uma tradição que deve ser construída na família, criando condições de acesso e contato com o texto escrito (qualquer que seja), dotando as crianças de textos e livros na escola, propiciando bibliotecas, livros etc.

Tese 12

A história da vida cotidiana dos setores populares é objeto de enunciação positiva e pública.

Os processos de comunicação necessitam de formas estáveis que permitam converter em notícia válida a atuação e a história das pessoas e comunidades dos setores populares.

Seu cotidiano não tem porque ser visto de um ângulo alarmista da crônica policial ou dos assuntos de ordem pública. É possível criar um enfoque positivo de suas conquistas e um reconhecimento público de sua lógica e de seu mundo político.

Tese 13

A mediação tecnológica deve ser apropriada pelos setores populares em suas práticas comunicativas.

Na comunicação, existe a tecnologia própria da gramática dos meios que se usam (aspectos de produção) e a tecnologia própria do transporte da mensagem (aspecto de difusão e retorno).

Essas instâncias precisam ser apropriadas pelos setores populares para uso normalizado. A expressão começa quando o homem joga com a técnica. A comunicação dos setores populares deve ter a qualidade padrão de toda a comunicação da sociedade.

5.2.3 Natureza da comunicação

Aqui se entende a comunicação como um momento constitutivo da prática cultural.

O cultural é o conjunto de processos de produção coletiva de sentido, significados e concepções representado em formas simbólicas, com as quais homens e mulheres se comunicam, perpetuam e desenvolvem (transformam) seu conhecimento, atitudes e valores diante da vida em todas as suas esferas.

A comunicação em si mesma é vazia, isto é, não tem conteúdo próprio. Parte-se de dois pressupostos:
- a comunicação, para ser efetiva, tem que ser comunicação de um projeto de intervenção;
- a comunicação não se define pelos meios que usa, mas pelo sentido de projeto que procura comunicar e mobilizar.

Com base nessa concepção, a comunicação pode ser usada sob duas grandes perspectivas:
- para potencializar as intervenções dadas por outras áreas, isto é, apoiar uma intervenção particular;
- como intervenção em si mesma, ou seja, a comunicação usada para mobilizar setores específicos da população (comunicação macrointencional).

Para compreender bem o conceito de comunicação macrointencional, é necessário fazer a seguinte distinção:
- comunicação de massa: dirige-se a pessoas anônimas. Constrói-se sobre códigos padrões percebíveis e decodificáveis por setores amplos da população;
- microcomunicação: dirige-se a pessoas por sua especificidade ou diferença. Constrói-se sobre características próprias do receptor, que a distingue das demais.
- macrocomunicação: dirige-se a pessoas por seu papel, trabalho ou ocupação. Constrói-se sobre códigos próprios de uma profissão ou ocupação.

Um trabalho voltado a setores sociais de população é de caráter macro; no entanto, isso não quer dizer que não seja necessário usar os três níveis de comunicação para a conquista dos propósitos. Para uma macromobilização, é indispensável usar os três níveis de comunicação.

Um projeto macro que influencia os modos de pensar, decidir, atuar e imaginar um projeto de sociedade deve ser concebido como uma mobilização para garantir a participação dos diferentes atores do projeto.

5.3 A comunicação e a mobilização social – Conceitos e critérios básicos

Coletivizar uma proposta de mudança é uma das maiores dificuldades que os políticos, administradores públicos e líderes democráticos têm. Ainda que exista conhecimento, capacidade institucional e recursos para fazer uma reforma ou introduzir uma inovação social, somente é possível fazer modificações na sociedade com a convocação de vontades dos atores implicados, isto é, das pessoas que podem converter em ações e decisões cotidianas os processos e conquistas de que uma reforma necessita.

Qualquer mudança exige convergência de interesses (política), convocação de vontades (erótica, desejo) e novas formas de compreender e organizar a realidade (teoria). É imprescindível, também, que as pessoas envolvidas na mudança (os atores) identifiquem que tipo de decisões podem tomar e quais instrumentos estão ao seu alcance para contribuir para os propósitos da mudança (instrumentos de ação e de participação).

Não basta que uma reforma, inovação, projeto ou programa esteja planejado e financiado. Precisa ser bem comunicado a fim de mobilizar vontades e desejos.

Os aspectos comunicativos e de mobilização são, geralmente, esquecidos nos processos de mudança. Não recebem recursos nem são definidas estratégias adequadas. Em algumas ocasiões, até se designam recursos para campanhas publicitárias, mas sem entender que a publicidade é parte de uma estratégia de mobilização social.

5.4 Mobilização social

5.4.1 O que é mobilização social?

Em termos gerais, mobilização é a convocação de vontades para atuar na busca de um propósito comum sob uma interpretação e um sentido compartilhados.
➤ por ser uma convocação é um ato de liberdade;
➤ por ser uma convocação de vontades é um ato de paixão;
➤ por ser uma convocação de vontades para um propósito comum é um ato público e de participação.

Se o propósito da mobilização é passageiro (uma manifestação, uma festa), converte-se em um evento. Se o propósito necessita de dedicação contínua, converte-se em um processo que produz resultados cotidianamente. Às vezes, se confunde a mobilização com as manifestações públicas, com a convocação física das pessoas em um mesmo espaço.

5.4.2 A quem se dirige a comunicação e a mobilização social? Aos "reeditores"

Uma mobilização social deve dirigir-se aos "reeditores", ou seja, a pessoas que têm públicos próprios: um conjunto de pessoas diante das quais o "reeditor" possui credibilidade e legitimidade para propor e modificar ações e mensagens. Um político é um reeditor social, pois seus seguidores aceitam livremente suas idéias e propostas de ação. O mesmo se pode dizer de um sacerdote ou de um pastor, de um líder social ou comunitário, de um pai de família, de um artista e de um professor...

O segredo (a chave) para conquistar o sucesso em uma mobilização é identificar o conjunto de "reeditores" que podem mobilizar e comprometer as pessoas necessárias para atingir os propósitos estabelecidos. Uma reforma social ocorre quando se consegue afetar a vida cotidiana da sociedade.

5.4.3 Como se estrutura uma mobilização?

Para que uma mobilização aconteça, devem-se solucionar três problemas básicos:[25]
➤ Primeiro: formular um horizonte atrativo e desejável. Formular um "imaginário".

Um "imaginário" é uma representação desejável e possível do futuro que queremos construir. Uma mobilização requer criar desejo, suscitar paixão. Para mobilizar, é necessário definir nortes estimulantes. Uma das funções básicas da comunicação social é estabelecer metas de maneira atrativa e desejável para a população a ser conquistada. Não é suficiente que uma reforma, programa ou projeto tenha objetivos tecnicamente formulados, é necessário reformular esses objetivos em formas, linguagem e símbolos que despertem a paixão e o desejo, isto é, convertê-los em imaginários. Um imaginário validamente proposto é, ao mesmo tempo, uma fonte de hipóteses que motiva critérios para a atuação e uma seleção de ações. Isso o diferencia de um simples *slogan* de uma campanha publicitária, ainda que, em termos de difusão, se exijam os ditos elementos comunicativos.

➤ Segundo: definir adequadamente o campo de atuação do "reeditor".

Quando se formula ou se propõe um horizonte de mudança atrativo (um imaginário), muitas pessoas estão dispostas a colaborar se lhes é respondida a seguinte pergunta: como eu posso participar aqui, em meu campo de trabalho, no que faço todos os dias? Isto é, o que tenho que entender (compreensões), o que devo fazer (ações), com que posso atuar (instrumentos) e quais decisões tomar? Muitas sugestões de mudança fracassam porque se indicam aos atores ações e decisões que estão fora de seus campos específicos de atuação. Por isso, uma mobilização deve prover compreensões (conceitos e definições) adequadas para que o "reeditor" saiba entender os fenômenos que serão transformados. Deve, também, indicar as decisões e ações que estão ao alcance dos "reeditores", em seu campo de trabalho, e as explicações de como e por que contribuem para o propósito procurado. A mudança sistemática e orientada se constrói sobre a cotidianidade dos envolvidos no processo.

➤ Terceiro: coletivizar a ação.

A coletivização significa poder ter certeza coletiva: saber que o que eu faço e decido no meu campo de ação e trabalho está sendo feito e decidido por muitos outros, pelas mesmas razões e sentidos. Isso é o que confere estabilidade à mobilização e pode convertê-la em um processo de mudança. A mobilização participada, no nível macro, não requer que as pessoas estejam fisicamente juntas ou se conheçam. O necessário é compartilhar o significado e a interpretação, isto é, poder ter certeza coletiva. Se cada um dos atores envolvidos em um propósito tem a certeza de que muitas outras pessoas estão fazendo o mesmo que ele e buscando alcançar os mesmos propósitos, o processo se coletivizou. A comunicação de massa é fundamental nos processos de coletivização, a qual requer convocatória.

Convocatória: a convocação de um imaginário social é o primeiro passo para a criação de um interesse coletivo; de certezas compartilhadas. Como toda mobilização é uma convocação de vontades, a comunicação que lhes é própria deve ser da mesma natureza. Esse é um aspecto fundamental. A convocatória precisa surgir da natureza e forma do imaginário e dos propósitos que a comunicação propõe. Por se dirigir a "reeditores" sociais legítimos, a comunicação macrointencional é pública (conveniente a todos); carece de instrumentos de coação e se fundamenta no compromisso autônomo do "reeditor". Por isso, é democrática e, por esse motivo, a mobilização participada requer um modelo de comunicação.

6 A TELEVISÃO DE QUALIDADE E OS VALORES DEMOCRÁTICOS[26]

Falar de televisão de qualidade exige primeiro delimitar o que significa comunicação de qualidade. E como toda definição de qualidade é relativa, vamos analisar a qualidade da comunicação e da televisão baseando-se na sua contribuição para a construção dos valores democráticos.

Tese 1

A comunicação de qualidade, do ponto de vista democrático, é aquela capaz de criar condições estáveis para que os diferentes sentidos, significados e modos de ver o mundo da sociedade possam circular, competir e se coletivizar em igualdade de condições.

Tese 2

A sociedade produz os sentidos e significados; os meios (entre eles a televisão) são somente uma condição para sua circulação. Se a sociedade nega a certos setores ou grupos que seus sentidos e modos de olhar o planeta possam circular ou competir, não é possível ter comunicação (nem televisão) de qualidade, do ponto de vista democrático. Quando as formas de ver o mundo do homem do campo, do negro ou do índio não circulam nem competem em igualdade de condições, a comunicação será excludente (e os meios também). Os meios de comunicação (incluindo a televisão) sempre refletem a sociedade que os produz.

Tese 3

A televisão é um espaço de socialização para crianças, jovens e adultos porque nela circulam, competem e se ocultam sentidos, maneiras de ver o mundo e imaginários da realidade.
Os espaços de socialização são os lugares e instâncias em que transformamos os modos de pensar, sentir e agir em relação a nós mesmos, aos outros e à coletividade (família, escola, trabalho, organizações comunitárias e intermediárias, igrejas, partidos e meios de comunicação).

Como espaço de socialização, a televisão é de qualidade se ela contribui para educar cidadãos, isto é, se contribui para formar pessoas capazes de criar ou transformar, em cooperação com outras pessoas, a ordem social na qual querem viver para a dignidade de todos (dignidade entendida como possibilitar os direitos humanos).

Tese 4

A televisão é de qualidade quando tem impacto na sociedade, isto é, quando provoca transformações nos modos de pensar, sentir e agir como cidadão; quando conduz a atuação social para construir a dignidade de todos.

Tese 5

A comunicação tem impacto quando reflete a consciência pessoal e/ou social. A comunicação que alcança esse objetivo tem uma ou várias dessas características (critérios de audiência):
a) é arqueologia da consciência: pretende explicitar porque temos a consciência que temos. Organiza e fundamenta a memória pessoal ou social.
b) ordena o caos presente: procura oferecer interpretações e sentidos a ambigüidades e incertezas cotidianas.
c) cria visões de futuros desejáveis (possíveis ou imaginários).
A televisão é de qualidade quando é útil, quando ajuda a ordenar a consciência e as compreensões sociais em favor da dignidade humana.

7 O DIÁLOGO DE SABERES[27]

O saber em uma sociedade pode existir nas pessoas (saber incorporado) ou estar fixado ou colocado em objetos (saber objetivado). O saber pode ser objetivado de diferentes maneiras: em texto escrito (livros, revistas, manuais, gráficos etc.); em objetos audiovisuais (cinema, vídeo, fita cassete etc.); em sistemas de arquivos magnéticos (dados, disquetes, Internet etc.); e, também, em ferramentas e equipamentos, na arquitetura, na arte...

Quando o saber está incorporado nas pessoas, é necessário ir até elas para usufruir dele, compartilhar seu tempo e seu espaço. Se uma pessoa não transfere seu saber a outras pessoas ou não o coloca em um objeto (livros, notas, textos, gravações etc.), ele se perde para a sociedade.

Uma vez que o saber de uma pessoa é colocado em um objeto (objetivação do saber), torna-se independente do seu tempo e do seu espaço, pode ser transportado, modificado e ampliado por outros. Sua objetivação favorece a sua socialização e o converte em produto e, como tal, em mercadoria; essa é sua importância em termos sociais:

- o saber que não se objetiva corre o perigo de se perder socialmente.
- o saber não objetivado só se reproduzirá presencialmente, mediante estratégias orais. Isso faz com que sua conservação e reprodução fiquem muito onerosas para a sociedade.
- o saber objetivado possibilita o acesso a saberes distantes (favorece a educação a distância). Um saber não objetivado não pode ser socializado a distância.
- é impossível – e desaconselhável – objetivar todo o saber de uma sociedade, o qual sempre será maior que o saber possível de objetivar.
- o uso do saber objetivado requer condições de acesso, a habilidade de ler e, sobretudo, o hábito da leitura.
- quanto maior for a tradição da leitura em uma sociedade, maiores serão as possibilidades de socializar o saber objetivado.
- o volume de saber que uma sociedade objetiva tem relação direta com sua tradição na escrita.

Escrever pode ser definido como capacidade de depositar ou consignar em um código gráfico um número indefinido de significados que podem ser recuperados por outro que maneje o mesmo código. Escrever é isso, depositar um significado em texto, colocar em um objeto (o texto escrito) um sentido, um saber.

A escrita é uma das formas de objetivar o saber. Ao escrever, separa-se o saber do tempo e espaço do autor. O saber que esse autor possui pode ser levado a outros espaços e tempos, indefinidamente.

Para tomar decisões adequadas para a objetivação do saber, é preciso conhecer a natureza dos diferentes objetos criados pela tradição escrita, pois cada uma tem uma origem, finalidade e possibilidades distintas. Vejamos alguns:
- a carta: é um diálogo diferido, escreve-se carta para receber carta. Essa natureza

da carta obriga, nos projetos de intervenção, a criar condições administrativas e a estimar os custos para manter o diálogo com as populações afetadas.
- o texto escolar: seu propósito é facilitar a apropriação do saber (a aprendizagem) por parte do leitor.
- o livro científico: constrói-se sob o paradigma da ciência à qual se refere; seu propósito é expor o saber para os iniciados. O livro científico não pode ensinar àquele que não sabe, mas expor ao que sabe. Por isso, um livro científico e um texto escolar sobre o mesmo tema têm estruturas muito diferentes.
- a revista científica: constrói-se sobre a fronteira do saber, seu propósito é mostrar e difundir a discussão em uma disciplina, apresentar o saber em debate (ainda não validado pela comunidade científica). Seu conteúdo é a pesquisa e as perspectiva de novas descobertas.
- a revista de difusão: constrói-se sobre o saber conhecido, já validado pela comunidade científica. Procura a socialização do saber.
- o jornal: constrói-se pela notícia, isto é, sobre o inusitadamente novo. Seu paradigma é a novidade.
- o informativo científico: constrói-se sobre o paradigma científico, isto é, sobre o modelo — teoria, hipótese, método de comprovação, conclusões;
- resumos: síntese de conteúdos; seu propósito é orientar a seleção mais ampla de leitura.
- *vademecum*: descrição indexada de procedimentos reconhecidos como úteis e efetivos, mediante uma longa experiência.
- manual: instrução para eliminar a incerteza em processos normatizados;
- *e-mail*: faz da conversação e da carta um fato simultâneo e virtual.

Existe um outro acúmulo de objetos de tradição escrita: cartazes, folhetos, fax, telex, dicionários etc.; cada um com natureza e propósitos específicos. Um objeto escrito não pode substituir outro, mas pode completá-lo.

O fato de conhecer ou dominar um dos objetos não significa conhecer a estrutura dos outros. É o caso dos camponeses, que sabem escrever cartas, mas não escrevem telegramas; ou do profissional que redige um informativo técnico, mas não o converte em artigo para uma revista. É necessário aprender a dominar cada objeto da tradição escrita.

8 Uma pergunta de epistemologia geral

O propósito desse documento é oferecer alguns elementos de resposta para as seguintes perguntas, relacionadas entre si:
- como delimitar a investigação sobre o desenvolvimento de uma capacidade estável para a pesquisa e o desenvolvimento na América Latina?
- que característica possui a pesquisa em torno da capacidade? Quais são suas áreas prioritárias? Seus tópicos?

A pergunta é, ao mesmo tempo, de ordem prática e de um nível epistemológico amplamente generalizado.

A epistemologia se orienta para estudar as condições sob as quais se produz o conhecimento válido (como é gerado, validado, como cresce etc.). A pergunta formulada anteriormente é de uma ordem epistemológica maior; de alguma maneira questiona:
- como pesquisar as condições (estáveis) que geram capacidades para a pesquisa e o desenvolvimento?

No início da década de 1980, o Research Review and Advisory Group (RRAG) fez uma primeira abordagem a uma pergunta similar, restrita à área educativa.[28] Em 1983, foram publicados os trabalhos desse esforço coordenado em vários continentes.[29]

8.1 O saber social como ponto de partida para a construção de capacidade

8.1.1 Uma definição do saber social como a capacidade fundamental

Aqui se entende por saber social o conjunto de conhecimentos, procedimentos práticos, destrezas e critérios valorativos que um grupo humano ou uma sociedade julgam válido para se relacionar com o ambiente, para viver e se projetar.

A definição mostra que todo grupo humano tem esta tripla capacidade:
- sabe se relacionar com o ambiente, pelo menos para sobrevivência;
- sabe conviver entre seus iguais;
- sabe se projetar de alguma maneira no futuro.

Assim, qualquer proposta de desenvolvimento de novas capacidades exige, de alguma forma, a compreensão e análise do saber social em um grupo determinado.

Uma das condições para construção ou o desenvolvimento de uma nova capacidade é a necessidade de outra capacidade prévia. A análise de capacidades prévias é pré-requisito para desenvolver novas capacidades e, para não entrar em uma cadeia *ad infinitum*, o saber social é um ponto de partida sempre identificável.

Convém ver mais a fundo qual é a estrutura do saber social a fim de ampliar essa afirmação.

8.1.2 Fontes e formas de acúmulo do saber social

O saber social pode ser produzido, acumulado e difundido de duas maneiras: culturalmente e artificialmente.

a) Os saberes produzidos, acumulados e difundidos culturalmente representam aqueles saberes adquiridos por meio da experiência vital do grupo, que surgem dentro do viver e sobreviver diário; que se destacam ao longo do tempo e são transmitidos dos mais velhos para os mais novos oralmente, por meio de rituais, práticas cotidianas e participação diária nas rotinas de trabalho e nas celebrações. A esse conjunto de saberes pertencem conhecimentos tão importantes como os costumes à mesa, os modos de conseguir, selecionar e preparar os alimentos; os hábitos de criação, as formas de construção e de apresentação pessoal, os sistemas de autoridade familiar, os estilos de cortejar etc.

b) Os grupos humanos também possuem outros conhecimentos produzidos, acumulados e transmitidos artificialmente: adquiridos mediante metodologias reconhecidas internacionalmente (o método científico ou de reflexão sistemática). Essa experiência é acumulada artificialmente de livros, revistas, textos etc. Seu sistema de transmissão é o sistema educativo, uma criação artificial para a difusão de massa e rápida do saber organizado artificialmente.

No Ocidente, geralmente, define-se o saber de uma sociedade pelo saber artificial (científico), desconhecendo que ele É um subconjunto do saber social.

O desconhecimento do saber cultural como uma parte relevante do saber social levou a subestimar a vivência e a capacidade dos setores pobres, os quais geralmente possuem baixos níveis de saber artificial.

Atualmente, para a maioria dos grupos humanos, os dois tipos de saberes (cultural e artificial) coexistem em combinações diferentes. Conforme os sistemas educativos conseguem cobertura e eficiência melhores, é lógico pensar que os saberes artificiais serão mais representativos. Essa tendência também pode ser reforçada pelos meios de comunicação de massa que, por sua natureza, têm grande capacidade para difundir tanto o conhecimento artificial (sistemas de educação a distância, por exemplo) como o conhecimento cultural (desde que a sociedade civil tenha controle sobre eles).

Convém destacar que os saberes culturais também são sistemáticos, embora nem o emissor cultural (aquele que tem a memória ou a prática) nem o receptor cultural (normalmente uma criança ou jovem) tenham explicitado sua estrutura.

A sistematização de um saber cultural, mediante uma metodologia reconhecida, torna possível transmiti-lo de forma artificial, não obstante, por princípio, o "mundo da vida" siga superando o "mundo da ciência".[30]

8.1.3 A criação da capacidade como uma intervenção externa sobre o saber social: a ação comunicativa x a ação estratégica[31]

Considerar a possibilidade de criar capacidade para a pesquisa e o desenvolvimento sobre um grupo determinado significa aceitar a possibilidade de intervir sobre o saber social desse grupo.

A capacidade é um saber que implica noção de habilidade ou competência para utilizar ou desenvolver algo efetivamente, com autonomia e continuidade. Aqui nos referimos à capacidade do ponto de vista institucional, isto é, de que o grupo como conjunto possa controlar e reproduzir ao longo do tempo.

A autonomia, a continuidade e a possibilidade de controlar e reproduzir essa autonomia e continuidade sob diferentes circunstâncias são indicadores da existência estabelecida da capacidade. A conquista ou a produção eventual não significa competência, mas sim a continuidade autônoma.

Quando existe, a capacidade é um saber "totalizante", isto é, expressa-se na vida do grupo em um mundo de objetos, em um mundo social e em um mundo de expressões e vivências. Isso significa que a capacidade pode ser classificada em categorias culturais e científicas; sociais e institucionais; estéticas e expressivas.

A ação de um saber externo sobre outro (a intervenção) pode ter duas formas: a ação estratégica e a ação comunicativa.

> A ação estratégica tende necessariamente a ser manipuladora dos processos sociais. Consiste, em princípio, em fazer com que os outros façam o que eu quero que façam, ainda que não estejam

convencidos de que o que eu pretendo que seja feito seja o melhor para eles. A ação estratégica, velada ou abertamente, se serve de diversas táticas, técnicas, argumentos falsos, falsas promessas etc., para obter determinados fins (Hoyos, 1988, p.4.).

"Por outro lado, a ação social por comunicação procura, a todo o momento, chegar a acordos compartilhados, a um consenso não-coativo, a convencer aos demais, dando a possibilidade de chegar a ser convencido por eles também (Ibidem)

Desse conjunto de teses, deriva-se uma série de critérios ao estudo da capacidade para a pesquisa e o desenvolvimento:

a) Um grupo humano precisa poder explicitar, ponderar e valorizar seu saber acumulado cultural e artificialmente, para gerar uma capacidade de produzir e avaliar novos saberes de forma sistemática. Se não se pode verificar a autonomia e a continuidade que se tem, não é possível procurar intencionalmente novas capacidades.

b) Quando, em um grupo humano, são implantados sistemas de produção e aplicação de conhecimentos, ignorando os sistemas culturais próprios de acumulação e produção (isto é, se faz uma ação estratégica), pode-se gerar:

➤ processos de dependência do saber externo porque o novo saber está fora do contexto;

➤ aceitações simuladas do novo saber;

➤ aceitação temporal, sem projeção, o que impossibilita a institucionalização: o novo saber não pode ser localizado de forma global. Não posso encontrá-lo nos meus objetos nem no meu mundo social e expressivo, por isso não posso projetá-lo.

c) É lógico supor que quanto mais pobre e marginalizado for o grupo humano sobre o qual vai se intervir, maior será seu saber acumulado culturalmente em relação ao seu saber adquirido artificialmente. Isso significa que, para a criação de capacidades nesses grupos, os novos saberes devem ser apresentados com homologação epistemológica; isto é, conhecer previamente as fontes de validação e transmissão do saber cultural para submeter a esses mesmos processos de validação e tramitação os novos saberes artificiais (esta é uma das formas de intervenção mediante ação comunicativa). Se não se leva em consideração essa homologação, é muito difícil desenvolver capacidade:

> O autor sustenta que um fator específico que milita contra a realização de uma pesquisa crítica na região é a dimensão sociocultural daquilo que chama "a intimidade" das comunidades do Caribe. Com isso quer dizer que as pessoas têm uma herança histórica similar, um idioma comum e um "núcleo cultural" básico. ...Esse fenômeno, chamado intimidade, dificulta enormemente a pesquisa, sobretudo em questões que suscitem controvérsia política. Aqui, o impedimento não é a censura legal ou oficial, mas o temor de perder as amizades pessoais ou de danificar as relações...

Outro fator que interfere no ambiente de pesquisa no Caribe é a implícita suposição de que a sabedoria tradicional e o senso comum estão mais bem instruídos que a pesquisa, em relação aos caminhos de mudança que devem ser tomados lá.[32]

> As decisões que se referem aos indivíduos são tomadas pelos mais velhos, pessoas consideradas com experiência e sabedoria em todas as áreas. Por isso, a crença de que criticar é um pecado e obedecer, uma virtude. Dessa forma, dá-se muito mais importância ao que dizem os mais velhos que aos resultados das pesquisas.[33]

d) A intervenção de um saber sobre outro afeta a forma de reprodução material e simbólica do grupo que sofreu a intervenção. A única forma de essa intervenção ser positiva é mediante a ação comunicativa; isto é, chegar a um entendimento mútuo (entre o especialista ou cientista e a comunidade), a uma compreensão compartilhada, à possibilidade de acordos livres que imprimam mais convicção às diversas ações, sejam elas técnicas, produtivas, culturais ou políticas.

8.2 Um marco analítico, áreas e tópicos de pesquisa da capacidade para pesquisa e desenvolvimento

As análises e propostas feitas aqui se localizam em um contexto geral que pode ser caracterizado da seguinte maneira:

a) toda criação de capacidade deve estar orientada para criar um desenvolvimento sustentável, isto é, assegurar que se satisfaçam as necessidades presentes sem colocar em perigo a capacidade das gerações futuras de satisfazer suas próprias necessidades.[34]
b) a criação e o desenvolvimento de capacidade devem estar localizados nos setores mais pobres. Sem a participação ativa e produtiva dos setores pobres, não é possível melhorar as condições de desenvolvimento. Esse pensamento não é apenas dos pesquisadores sociais, mas também dos organismos de pesquisas e desenvolvimento.[35]
c) hoje, os pobres, embora mais numerosos, estão mais saudáveis, educados, organizados e com melhor acesso às escolas. Existe, ainda, um número muito maior de organizações governamentais e não-governamentais trabalhando com esse público, cada vez mais consciente da força e do significado que tem dentro de qualquer projeto social. Além disso, nossos países somam pelo menos dez anos de experiência em programas para mitigar a pobreza. Foram criadas burocracias de serviços sociais e condições mínimas de segurança. Tudo isso unido ao fato de que, em virtude da dívida externa, os países estão sempre sem recursos. Isso faz com que, "não obstante seja pela pior das razões, isto é, para encontrar um novo meio de transferir os custos para os pobres, os governos estão hoje muito interessados no conceito de esforço próprio".[36]
d) a avaliação dos projetos dentro dos setores populares leva a concluir que:
- "a capacidade de sustentabilidade a longo prazo dos projetos está estreitamente vinculada à participação ativa e informada dos pobres...".
- "em questões econômicas, os pobres são tão racionais como os demais; se lhes são oferecidos estímulos convincentes, podem mobilizar investimentos locais como contrapartida, em dinheiro ou mão-de-obra. Podem aportar conhecimentos que os técnicos estrangeiros e os burocratas públicos simplesmente não possuem".
- "os projetos para mitigar a pobreza não têm uma proporção de fracasso mais elevada que projetos de outro tipo".[37]
- os projetos de base não funcionam independentemente das sociedades nas quais são implementados. Os esforços dos pobres, como os dos ricos, requerem o apoio das leis, políticos justos e instituições imparciais. "Os projetos de base não são substitutivos da justiça social, de uma economia sadia nem de um Estado competente."[38]

Em resumo, ainda que os problemas que geram a pobreza sejam hoje os mesmos que nos anos 1970, as condições são sensivelmente diferentes no que diz respeito à experiência, à compreensão dos problemas, ao papel e significado dos setores populares. É aceito que não há a escolha entre um tipo de desenvolvimento "de baixo para cima" ou "de cima para baixo". É necessário criar vínculos fortes entre o micro e o macro.

8.2.1 Um marco de análise (nível lógico)

Estamos numa encruzilhada. Sabemos que há muito o que fazer, mas não sabemos como fazê-lo, porque não temos uma teoria de desenvolvimento que seja adequada. Sem dúvida, o mais estranho é que talvez a última coisa de que precisamos seja uma grande teoria. Elas fracassaram com demasiada freqüência. O que necessitamos em seu lugar é de um propósito. Um propósito que permita a participação mais plena por meio de ações em múltiplos níveis, das bases à aldeia e dela até a ordem global.[39]

No estado de coisas proposto e delineado nos itens anteriores, a pesquisa sobre a capacidade deve enfocar uma perspectiva cognitiva. Isso significa orientar a pesquisa para a capacidade de identificar e sistematizar o *software* permitindo aos projetos de base (baseados na comunidade) ter uma participação ativa e informada sobre os processos e metas.

O tipo de *software*, que se requer identifique e sistematize a participação ativa e informada das comunidades, pode ser assim classificado:

a) Politologia de projetos populares

- modelos de sucesso em convocação e organização comunitária;
- modelos de organização regional que vinculam projetos locais a estruturas de grande participação e cobertura;
- modelos de organização setorial que conectam eficientemente unidades pequenas de produção a altos níveis de competição e adequada distribuição de benefícios.

b) Comunicação

- sistemas culturais de transmissão de informação codificada;
- sistemas internos para mensagens de convocação comunitária;
- sistemas para comunicação regional.

c) Aspectos econômicos do setor informal
- organização e características dos sistemas de empréstimos do setor informal (os setores populares têm seu sistema financeiro);
- possíveis tipos de garantia (valor cultural) que podem ser usados em um sistema de crédito;
- características e formas de manejo de fundos para garantia que foram operados no setor popular;
- tipos de economia mutuária.

d) Tecnologia
- tipos de trabalhos tradicionais que podem receber aportes tecnológicos de alto nível, sem que seja afetado o modo familiar ou micro de produção;
- tipos de evoluções tecnológicas de bom prognóstico em virtude da tecnologia tradicional de que se dispõe.

e) Ciência e educação
- fontes de validação de novos conhecimentos e tecnologias;
- formas de validação de novos conhecimentos e tecnologias.

8.2.2 Tópicos e algumas estratégias

O domínio do *software* sobre ação ou intervenção social é um saber que deve ser acumulado e difundido em todos os níveis. As faculdades de Direito devem considerar as cooperativas, sociedades mutuárias ou os coletivos populares como organizações válidas no ordenamento da sociedade civil. O saber organizativo do povo, ainda que esteja legalmente reconhecido, não faz parte dos currículos acadêmicos. Esse exemplo do Direito se repete em quase todas as profissões liberais: o saber cultural não é considerado parte integrante do saber de uma sociedade. É evidente que esta ausência afeta profundamente qualquer propósito de capacidade no âmbito global.

Se uma entidade decide sistematizar e legitimar o *software* sobre intervenção e organização social:
a) haveria um meio para treinar os recursos requeridos pelos projetos de base. Isso é mais necessário na medida em que é crescente a convicção de que o trabalho de base exige recursos com bom *background*.

b) permitiria inserir o saber que se origina nos setores populares como um saber integrante do saber social.

c) poderia ser desenvolvida e difundida uma metodologia necessária nos trabalhos de base: métodos para recuperar e sistematizar processos de apropriação e participação.

Como ponto de partida, propõe-se o trabalho em três grandes linhas, que podem consolidar muitas dessas idéias:

Projetos que combinam memória cultural e sistematização artificial do saber:

- formar equipes (duplas) de biólogos e pescadores para escrever trabalhos sobre determinadas espécies dos mares da região. Os textos que forem publicados serão assinados pelo pescador e pelo biólogo (nessa ordem);
- formar equipes de engenheiros florestais e indígenas para sistematizar a experiência tradicional do indígena de explorar a selva sem afetá-la. Os materiais publicados devem trazer os nomes dos indígenas e dos engenheiros (nessa ordem).

Recuperar e sistematizar uma série de experiências de sucesso que combinam em sua operação o saber e a tradição cultural, unidos ao saber produzido artificialmente.

Alguns exemplos:

- a análise das fazendas de café na Colômbia e na Costa Rica. Seus criadores trabalharam com elementos culturais, combinando ciência e tecnologia: como isso ocorreu? Que métodos e análises levaram a esse modelo? Sob que circunstâncias? Esse é um saber que, ao não ser sistematizado, pode se perder.
- a Central Lanera Uruguaya (CLU), uma federação de pequenas cooperativas de criadores de ovelhas, converteu-se em um dos maiores exportadores de lã do Uruguai.
- a maneira como se difundiu e se estruturou a Organização de Pescadores Artesanais do Chile, um modelo de organização setorial que se foi construindo com base na compreensão das necessidades locais.

Uma terceira linha de trabalho estaria orientada a ampliar, nas instituições de ensino superior, o conceito de saber social, o que requer uma análise inicial.

Em termos gerais, a universidade tem como propósito (e justificativa) garantir à sociedade a preservação, o desenvolvimento e a disseminação do melhor saber dessa sociedade. Sua atividade docente é uma estratégia para cumprir esse propósito fundamental.

Atendendo à sua natureza, a universidade deveria ter a capacidade de envolver os saberes sociais de reconhecida utilidade e competência social. Talvez uma concepção formalista do conhecimento tenha impedido que o saber fluísse com facilidade até a universidade. É difícil explicar como o saber social da Colômbia sobre o café não tem lugar no saber universitário.

Uma forma de criar capacidade em uma sociedade é poder garantir que, no nível institucional (universidades, cursos profissionalizantes, associações científicas), o saber social (cultural e artificial) tenha um lugar reconhecido por sua própria natureza. Ao dar ao saber cultural o caráter etnográfico ou folclórico, dificulta-se a criação de capacidade.

Sob essas considerações (genéricas, certamente), propõe-se, como linha de análise, incluir no nível universitário o conceito de Comitê Curricular que considere o saber cultural. Isso poderia servir de inspiração para novas carreiras, oxigenar e redirecionar o foco de muitas das já existentes. Alguns exemplos:

➤ finanças do setor informal;
➤ engenharia industrial do setor informal;
➤ direito das organizações populares.

Observação final

Nos anos 1970, foram estudadas e formuladas políticas a favor da criação de capacidade (com ênfase na capacidade de pesquisa em Educação). Optou-se pelas estratégias de formação de recursos no exterior, via apoio à realização de cursos de pós-graduação e criação de centros de pesquisa. Mas, como disse S. Shaeffer:

> hoje em dia, ficou claro que esse critério restrito de capacidade, aplicado muitas vezes pelos organismos patrocinadores, não é adequado. Não só as habilidades individuais requeridas são mais

variáveis e os fatores institucionais mais complexos que inicialmente se imaginava, como os pesquisadores e as instituições em que trabalham não existem no vazio. O desenvolvimento da capacidade de pesquisa deve ser considerado na relação com o que pode denominar Clima de Pesquisa, quer dizer, com o contexto social, político e cultural que rodeia o processo de análise.[40]

Nessa perspectiva, os pobres, seu trabalho, seu saber, sua forma de reproduzir o mundo material simbólico, a economia que geram (chamada informal) etc. representam mais de 50% do conjunto.

Por isso, a análise de capacidade, do ponto de vista do saber cultural, pode servir para fazer dela um fato social também no nível popular, porque "só podemos prever o que nós mesmos construímos".[41]

NOTAS

1. Texto elaborado como contribuição ao processo de discussão do plano estratégico Bogotá 2000. Bogotá, 1994.
2. Ver IGLESIAS, Henrique. El verdadero desafio de America Latina: reduzir la pobreza y consolidar la democracia, no Seminário Hacia un Enfoque Integrado del Desarrollo, la Ética, la Economia y la Question Social. BID. Washington, 1994.
3. GOMEZ BUENDÍA, Hernando.
4. TOCQUEVILLE, Alexis De. *La democracia en America*. Barcelona: Editorial, Ortis, 1969. p.198.
5. Texto escrito em 1994, na Fundação Social. Bogotá, Colômbia.
6. Texto apresentado como quadro anexo ao trabalho La Comunicacion y la Movilizacion Social em la Construcción de Bienes Públicos, em co-autoria com RODRIGUEZ, Martha. Washington DC: BID, 2001.
7. Este texto foi escrito em Bogotá, em 2004. Com o mesmo título, o autor havia elaborado uma primeira versão dessas teses para a Vice-Presidência Social da Fundacion Social, em 1996.
8. ALBA, P. David. Como entendimos el DIL en Neiva. Neiva: Fundacion Social, DIL Regional Neiva, 1996. Inédito.

9. Ver nota 4, da Parte 1. De acordo com o artigo 1º da Constituição Política da Colômbia, "a Colômbia é um estado social de direito, organizado sob a forma de República unitária, descentralizada, com autonomia de suas entidades territoriais, democrática, participativa e pluralista, fundada no respeito à dignidade humana, no trabalho e na solidariedade das pessoas que a integram e na prevalência do interesse geral".
10. Prioridades para la intervención de la Fundación Social. Fundación Social. Documento Institucional, 1993.
11. VILLAMIZAR, Rodrigo; MONDRAGON, I.C.. *Zenshin: lecciones de los paises Ásia-Pacífico en tecnologia, productividad y competitividad*. Bogotá: Ed. Norma, 1995.
12. N.A.: Interceder: buscar modificar uma situação, colocando a favor do outro (cedendo) o que posso e quero ceder.
13. GELL-MAN, Murray. *El quark y el jaguar: aventuras de lo simples a lo complejo*. Barcelona: Tusquets, 1995.
14. PIAGET, Jean. *El estructuralismo*. Buenos Aires: Proteo, 1969.
15. BOISIER, Sergio. *Postmodernismo territorail y globalización*. Bogotá: Revista Foro n. 25.
16. PRIGOGINE, Ilya. *¿Tan sólo una ilusión? Una exploración del caos al orden*. Barcelona: Tusquets, 1993.
17. MANDELL, Myrna. Gerencia intergubernamental: una perspectiva revisada. In: KLICSBERG, Bernardo (compilador). *Pobreza, un tema impostergable*. México: CLADEFE – PNUD, 1994.
18. N.O.: Ver o texto A concertação democrática como meio para criar uma governabilidade democrática. p.70
19. CEPAL. Focalización y pobreza. Santiago: Cadernos da Cepal, n. 71, Nações Unidas, 1995.
20. ANNIS, Sheldon. ¿Um nuevo banco mundial? In: *Desarollo de base*, Vol.II, nº 1. ROSSLYN, VA, EUA: IAF.
21. N.A.: Objetivação do saber: colocar o nosso saber em objetos e formas para que outros possam usá-lo.
22. GARCIA CANCLINI, Nestor. *Consumidores y ciudadamos: conflictos multiculturales de la globalización*. México: Grijallo, 1995.
23. WITTGENSTEIN, L.. *Tractatus lógico plrilosophicus, Proposicion 5556*. Madrid: Alianza, 1985.
24. La comunicacion y la movilizacion social em la construccion de bienes

públicos. Texto em co-autoria com RODRIGUEZ, Martha. Washington DC: BID, 2001. Capítulo I.

25. Para mais detalhes, ver TORO, Jose Bernardo A.; WERNECK, Nisia Maria Duarte. *Mobilização social: um modo de construir a democracia e a participação*. Belo Horizonte: Autêntica, 2004.

26. Texto apresentado no Latin American Meeting on High Quality TV. São Paulo, 4-6 de agosto de 1999.

27. Quadro anexo ao texto La Comunicacion y la movilizacion social en la construcción de bienes públicos. Texto em co-autoria com RODRIGUEZ, Martha. Washington DC: BID, 2001. Capítulo 1.

28. SHAEFFER, Sheldon. *Increasing national capacity for educational research: issues, dynamics and alternatives*. Ottawa: IDRC, 1980.

29. SHAEFFER, Sheldon; NKINYANGI, John. (eds.) *Educational research environments in the delelopment world*. 213.ed. Ottawa: IDRC, 1983. N.A.: A versão espanhola desse trabalho apareceu em 1985 com o título *El ambiente de investigacion educativa em países em desarrollo*. 213.ed. Ottawa: IDRC, 1985. As referências a este documento serão feitas de acordo com a versão espanhola.

30. N.A.: O conceito de "mundo da vida" foi desenvolvido por J. Habermas. Sobre isso, ver: HOYOS, Guillermo. Comunicación y Mundo da Vida. In: *Ideas y valores*, n. 71-72. Bogotá: Universidad Nacional de Colombia, 1996. p.73-105.

31. N.A.: Grande parte dessa abordagem está inspirada em HOYOS, Guillermo. *Rol e influencia de los agentes externos en los procesos comunitários*. Bogotá: Universidad Nacional de Colômbia, Departamento de Filosofia. Nov. 1988 (mimeo).

32. MILLER, Errol. El Caribe. In: *El ambiente de investigación educativa en países en desarrollo*, op. cit. p.93.

33. ABU ZEINEH, Farid; JARADAT, Derar. Analisis de la capacidad de investigación educativa en Jordania. In: *El ambiente de investigación educativa en países en desarrollo*. op. cit. p.169.

34. CARTY, Whintrop. Desarrollo sostenible: el desafio de nuestra época. In: *Estratégia*. Bogotá, fev.1989, p.13.

35. CHAPARRO, Fernando. *Laro 1988 Regional Report: development thrust for the Laro Region*. Bogotá: IDRC, maio 1988 (mimeo).

36. ANNIS, Sheldon Un nuevo banco mundial? Financiamento del desarrollo de¿ abajo hacia arriba. In: *Desarrollo de base*. Revista da IAF, vol. II, n. 1. Rosslyn, VA, EUA, 1987. p.25.

37. ANNIS, S. op. cit. p.25-27.
38. Ibidem.
39. MAX-NEEF, Manfred. *La economia descalza: señales desde el mundo invisible.* Estocolmo: CEPAUR-NORDAN, 1986. p.91.
40. SHAEFFER, S. Obra citada, p.12.
41. WITTGENSTEIN, L. *Tractatus lógico philosophicus.* Proposição 5556. Madrid: Alianza, 1985.

Conheça a Série Desafios de Hoje

O primeiro volume da série Desafios de Hoje, *Investimento privado e desenvolvimento: balanço e desafios*, tem como objetivo contribuir para o desenvolvimento do País, por meio de ações relacionadas com a responsabilidade social.

Sob a coordenação de Marta Porto, jornalista e organizadora da obra, o economista André Urani e a socióloga Mônica de Roure examinam, na primeira parte do livro, qual a contribuição do setor privado para o desenvolvimento social do Brasil e analisam as principais causas e as conseqüências da desigualdade social no País.

Profissionais experientes e preocupados com a questão social foram convidados para escrever os ensaios que compõem o volume que inagura a série Desafios de Hoje. Com base em suas críticas e diagnósticos, o livro lança um novo olhar sobre antigos problemas como a desigualdade social e a concentração de renda, além de convidar os atores sociais a prosseguirem nessa discussão em busca de alternativas que melhorem o padrão socioeconômico do Brasil.

Este livro foi composto por Juliana Andrade nas fontes
Berkeley Old Style e Futura e impresso pela Gráfica Imprinta Express Ltda.
em papel Chamois Dunas 90g/m² para a Editora Senac Rio, em julho de 2005.